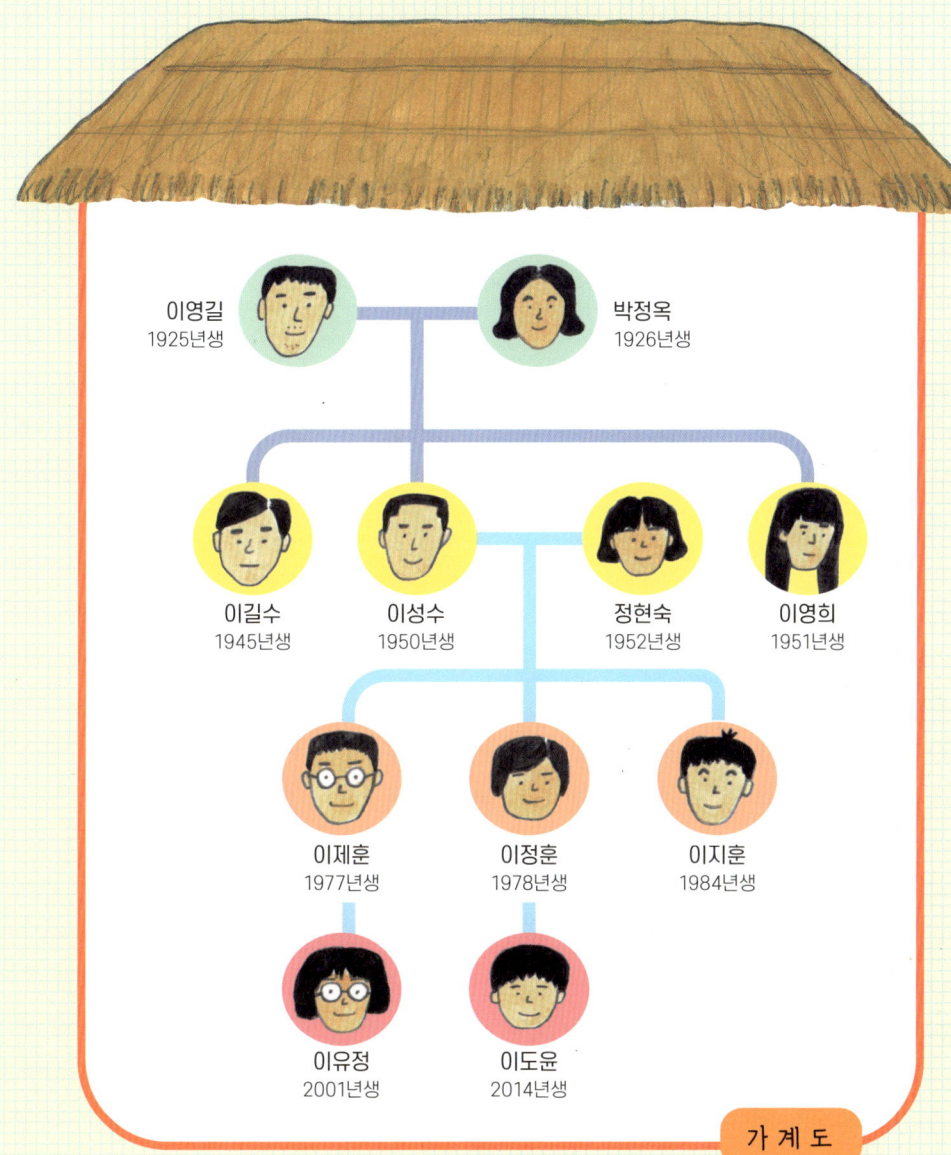

이 일로 돈을 벌었다고요?
: 우리나라 산업은 어떻게 발달했을까?

초판 1쇄 발행 2025년 9월 25일

지은이 이정환, 김은정   **그린이** 이장미
펴낸이 정혜숙   **펴낸곳** 마음이음

책임편집 이금정   **디자인** 김세라

등록 2016년 4월 5일(제2018-000037호)
주소 03925 서울시 마포구 월드컵북로 402, 9층 917A호(상암동 KGIT센터)
전화 070-7570-8869   **전자우편** ieum2016@hanmail.net   **팩스** 0505-333-8869
블로그 https://blog.naver.com/ieum2018   **인스타그램** @mindbridge_publisher

ISBN 979-11-94494-17-1 73300
     979-11-960132-3-3 (세트)

ⓒ 이정환, 김은정 2025

이 책의 내용은 저작권법의 보호를 받는 저작물이므로 무단전재와 복제를 금합니다.
책값은 뒤표지에 있습니다.

어린이제품안전특별법에 의한 제품표시
제조자명 마음이음   **제조국명** 대한민국   **사용연령** 11세 이상 어린이 제품
KC마크는 이 제품이 공통안전기준에 적합하였음을 의미합니다.

우리나라 산업은 어떻게 발달했을까?

이 일로 돈을 벌었다고요?

이정환·김은정 지음 | 이장미 그림

마음이음

차 례

- 1화 · **내 땅이 생겼다고?** (1950년대) · 8

  농지 개혁이 불러일으킨 나비 효과 · 26

  미국의 원조로 탄생한 삼백 산업 · 29

- 2화 · **소중한 내 머리카락** (1960년대) · 32

  가벼운 물건을 만들어요 : 우리나라 경공업의 발달 · 50

  최초로 산업 혁명에 성공한 영국 · 53

- 3화 · **바다에 띄운 무쇠 덩어리와 꿈** (1970년대) · 56

  무거운 물건을 만들어요 : 우리나라 중화학 공업의 발달 · 72

  미국이 세계 경제의 중심이 된 이유 · 74

- 4화 · **자동차 카드로 쌓아 올린 인기** (1980년대) · 76

  정부의 지원으로 성장한 전자 통신 산업 · 94

  전 세계를 누비는 우리나라 자동차 · 96

- 5화 · **게임만 해서 뭐 먹고살래?** (2000년대) · 98

　　세상에 이런 일이 : 서비스업의 발달 · 116
　　게임, 취미를 넘어 거대한 산업으로 · 119

- 6화 · **디지털 캔버스에 그린 세상** (2010년대) · 122

　　황금알을 낳는 한류 산업 · 138
　　하나의 문화가 된 웹툰 산업 · 141

- 7화 · **드론 할아버지** (2020년대) · 144

　　디지털 전환, 변하지 않으면 사라진다 : 4차 산업 혁명 · 162
　　지구를 살리기 위한 노력 : 친환경 산업 · 165

작가의 말 · 168

· 1화 ·
내 땅이 생겼다고?

1950년대

　내 이름은 이영길이다. 내 땅에서 농사짓는 나와 달리 아버지는 다른 사람 땅에서 일하는 소작농이었다. 아버지의 힘들었던 젊은 시절 이야기는 들을 때마다 눈물이 난다.

　"흠흠. 이보게, 자네 집에 있는가?"
　걸걸한 목소리가 들려왔다. 내다보니 마당에 사람의 형체가 어슴푸레하게 보였다. 감색 정장에 까만 모자를 깊게 눌러쓰고 수염을 짧게 기른 남자였다. 그 남자는 잇몸을 드러낸 채 웃으며 아버지를 찾았다. 남자의 옷은 누가 보아도 고급 소재로 만들어진 티가 났다.
　아버지는 남자를 보자마자 표정이 순식간에 어두워졌다.

"일도 많아 바쁘실 낀데 이 새벽에 머라꼬 여기까지 오셨능교?"

아버지는 자기보다 젊은 남자에게 깍듯하게 허리를 굽혀 인사했다. 나는 어린아이였지만 그가 바로 아버지가 농사짓는 땅의 주인, 최덕수란 걸 알아차렸다.

"내가 직접 찾아온 것은 큰일은 아인데, 좀 부탁할 게 있어가꼬 말이지. 이번에 내 사촌이 혼인한다 아이가. 자네가 일 좀 해 주면 참 좋을 낀데. 보다시피 내 다리도 영 시원찮고……."

아버지는 기가 막혔으나 그간 최덕수가 아버지에게 무리한 요구를 한 것이 한두 번이 아니었기에 그리 놀라지 않았다.

"뭘 도와드리면 되겠습니꺼?"

"뭐, 큰 건 아이고. 혼인날 손님 좀 맞이해 주고, 일손 좀 거들어 주면 좋지. 좋은 게 좋은 거 아이가? 안 그래?"

"예, 그 정도는 제가 충분히 할 수 있습니더."

"그리고 말일세……."

최덕수는 손가락으로 콧수염을 만지며 뜸을 들였다.

"내가 여태껏 딴 지주들보다는 소작료(남의 땅을 빌려 쓰고 내는 돈)를 적게 받았지 않은가? 그래서 올해부터는 좀 더 올려 받을라 카는데……. 올해는 아버지 환갑잔치도 해야 하니까 말이야. 흠흠."

아버지는 어이가 없었다. 최덕수는 이 마을에서 소작료 높게 받기로 세 손가락 안에 꼽을 정도였다. 그런데 여기서 더 올린다니 아버지는 눈앞이 깜깜했다.

"저희 집 부엌 쌀 항아리만 보셔도 아실 겁니더. 여기서 더 받으면 제 가족들 다 죽습니데이."

아버지의 말이 떨어지기 무섭게 웃고 있던 최덕수의 한쪽 얼굴이 순식간에 일그러졌다. 최덕수는 곧 아버지에게 손가락질하며 고함을 치기 시작했다.

"이보게, 내가 자네한테 얼매나 좋은 땅 주인이었노? 내 땅에서 농사짓기 싫다 이거가? 자네가 게으름 피우지 않고 부지런히 농사지으면 아무 문제 없다 아이가?"

동생들과 나는 어머니 치맛자락에 꼭 달라붙어 큰 소리에 놀란 마음을 달랬다.

"……"

대답 없는 아버지에게 약이 오른 최덕수는 더 큰 목소리로 악을 썼다.

"내 말 제대로 듣고 있는 기가? 안 들리나? 왜 대답을 안 하노? 나야 뭐, 계약 기간 끝나면 다른 사람에게 소작권을 넘기면 그만이고."

아버지에게 삿대질하며 소리치는 땅 주인을 보자 피가 거꾸로 솟는 것 같았다. 아버지의 얼굴도 분노로 점점 시뻘겋게 달아올랐다. 나는 당장이라도 우리가 뭘 그렇게 잘못했느냐고, 이런 말도 안 되는 요구는 받아들일 수 없다고 소리치고 싶었다.

하지만 그랬다가는 우리 가족은 당장 길바닥에 나앉게 될지도 몰랐다. 조상 대대로 힘없고 가난한 소작농으로 살아온 우리는 억울한 일을 당해도 그저 꾹 참는 수밖에 없었다.

아버지는 끝내 분을 삭이며 최덕수 앞에 납작 엎드려 연신 죄송하다고 말했다. 너무나도 가슴 아픈 그 모습에 나는 눈물이 날 것 같았다.

당시 우리 마을에는 최덕수가 소유한 땅이 많았다. 우리나라가 일본에 나라를 빼앗겼을 때, 그의 할아버지는 누구보다 빠르게 일본식으로 이름을 바꾸고 일본 관리에게 아부하여 자기 땅을 유지할 수 있었다. 아니, 오히려 이전보다 땅을 더 넓혔다. 대를 이어 최덕수의 아버지와 최덕수 자신도 일본에 굽실거리며 재산을 불렸다. 최덕수의 일본식 이름은 '야마다'인데 그는 자신의 원래 이름보다 야마다라고 불리는 걸 더 좋아했다.

타고난 성품이 그런지 소작농을 함부로 대해도 되는 환경 탓인지 모르겠으나, 최덕수는 자신의 땅에서 일하는 소작농에게 무자비했다. 그중에서도 가장 성실하고 성품이 꼿꼿한 내 아버지에게 유독 더했다.

영원할 것만 같았던 최덕수의 세상은 갑작스레 위기를 맞았다. 1945년 8월 15일, 일본이 패망했기 때문이다. 한반도에 살고 있던 일본인들은 쫓겨나듯이 자기 나라로 떠났다. 일본인은 아니었지만 일본에 붙어 호의호식하던 최덕수는 불안했다. 그동안 자신에게 앙심을 품은 소작농들이 한꺼번에 몰려와 공격할까 봐 두려웠기 때문이다.

하지만 아버지를 포함한 최덕수네 소작농들은 모두 심성이 순해 최덕수를 해코지하지 않았다. 어엿한 청년이 된 나 역시 나라를 되찾았다는 사실이 그저 기쁘고 감사할 따름이었다.

혼란스러운 사회는 곧 질서를 되찾았다. 일본이 물러가고 그 자리를 미국이 임시로 맡았지만 우리 삶에 큰 변화가 일어나지는 않았다. 지주들의 재산은 그대로 유지되었고, 그들은 여전히 떵떵거리며 잘살았다. 변화를 기대한 마을 사람들은 한숨을 내쉬며 저마다 볼멘소리를 내었다.

"나라가 광복을 했는데 크게 달라지는 건 없데이."

"그러게 말입니더. 저승사자는 와 야마다는 안 데려가는지 모르겠심더. 악독하기로는 왜놈 저리 가라 아이잖습니꺼?"

"쉿, 목소리 낮추이소. 야마다가 듣겠심더. 가족들 굶어 죽는 꼴 보고 싶습니꺼? 땅 없고 힘없는 우리가 죄인이지예."

광복된 지 몇 년 후, 그리 춥지 않았던 날에 우리에게도 희망적인 소식이 들려왔다.

제대로 된 교육을 받지 못해 까막눈이었던 나는 글을 읽지 못했지만, 눈치가 빠르고 귀가 밝았다. 여느 날처럼 시장을 거닐던 나는 사람들이 하는 이야기에 너무 놀라 심장이 쿵 떨어질 뻔했다. 나는 아버지에게 곧장 달려가 그 이야기를 전했다.

"아버지, 엄청난 소식이 있심더! 우리도 이제 땅이 생긴다 카데요!"

"땅이라니?"

"나라에서 우리 같은 소작농들에게 땅을 준다 하데예."

"얘야, 그게 무슨 소리고? 우리 같은 가난한 사람들에게 땅이라니? 나라에서 무슨 땅을 어떻게 준단 말이고?"

믿기지 않는다는 표정으로 재차 나에게 묻는 아버지의 놀란 눈에는 눈물까지 맺혔다.

"진짜라예! 농지 개혁법인가 머 그라던데예? 정확히 뭔지는 잘 모르겠는데, 나라에서 우리한테 땅을 나눠 준다꼬는 들었심더. 확실하다 아입니꺼!"

"정말이가? 네가 정말로 옳게 들은 게 맞나?"

이 당시 우리나라 전체 인구의 70%가 농사꾼이었지만 대다수가 내 땅 하나 없이 남의 땅을 짓는 소작농들이었다. 땅이 없어 겪었던 서러운 순간이 어디 한두 번이었겠는가. 아마 그들도 이 소식을 듣고 내 아버지처럼 뜨거운 눈물을 흘렸을 것이다.

나는 이미 우리 땅이 생긴 듯 행복에 부풀었고, 아버지의 뺨은 눈물로 얼룩졌다. 그런 아버지를 보고 있으니 괜스레 나도 눈물이 났다. 어엿한 우리 땅을 갖게 될 생각에 구름에 실리듯 마음이 들떴다.

　최덕수도 소문을 들은 모양이었다. 하긴 약삭빠른 그가 이 소식을 모를 리 없었다. 예상컨대 최덕수는 불안한 마음에 몇 날 며칠을 뜬눈으로 지새웠을 것이다. 북한에서는 지주들이 아무런 대가도 받지 못하고 나라에 땅을 모두 빼앗겼다고 들었다. 남한도 그렇지 않으리라는 법이 없었다.

　하지만 남한은 북한과 달랐다. 남한의 정부는 지주에게 정당한 가격을 지불하고 땅을 사들였다. 정부에서는 지주에게 돈 대신에 '지가 증권'이라는 종이 문서를 주었는데, 그 문서에 적힌 땅의 값어치에 따라 지주는 매년 땅값과 이자를 나누어 받을 수 있다고 했다.

　그리고 며칠 후 나는 우연히 동네에서 미소 지으며 돌아다니는 최덕수를 보았다. 정부가 땅값을 시세보다 높게 매겨 주었기에, 그는 나라의 조치에 만족한 듯 한결 여유로운 표정이었다.

　그리고 그날 이후 최덕수를 더 이상 볼 수 없었다. 그건 최덕수가 재산을 모두 챙겨 다른 마을로 떠나서가 아니었다. 1950년 6월 25일, 북한군의 기습적인 공격으로 전쟁이 일어났기 때문이었다. 마을 사람들은 고향을 떠나 피란길에 오르기 시작했다.

　자기 땅을 가질 수 있으리라는 희망에 가득 차 있던 아버지는 청천벽력 같은 소식에 쓰러졌다. 전쟁이 일어났다니, 하늘이 무너지는 것 같았다. 간신히 집의 기둥을 붙잡고 일어선 아버지는 하늘에 대고 외쳤다.

"내가 뭘 그리 잘못했능교? 죽기 전에 드디어 내 땅을 갖는가 했더니 왜 이런 일이 일어나는 기가?"

흐느끼는 아버지의 어깨를 붙잡고 어머니가 말했다.

"여보, 남쪽으로 빨리 피란 가야 되겠십니더. 여기 있으면 우리 다 죽습니더. 서울에 벌써 북한군이 들이닥쳤다 카더만요. 청도도 영 불안하이더. 서둘러 가입시더, 얼른요."

"임자! 우리 아들들을 이곳에서 다시 만나야 안 되겠나. 이곳, 우리 땅에서 말일세. 평생을 내 땅 없이 살아왔데이. 내 할아버지도 내 아버지도 땅이 없었고. 이곳에서 버티고 있으면 전쟁이 끝난 후 이곳은 우리 땅이 될 기라. 그런데 이곳을 버리고 떠난다고? 딴 데 가면 우리는 그저 외지 사람인 기다. 여기가 우리가 살 데다. 나는 절대 안 떠난다. 북쪽 놈들이 쳐들어와 죽는다 캐도 나는 내 땅에서 죽을 끼다."

"죽으면 그딴 땅이 무슨 소용이 있노? 괜한 고집 부리지 말고 빨리 남쪽으로 갑시더. 지금까지 우리가 무슨 땅이 있었다고 땅, 땅 그러는 겁니꺼?"

그러자 아버지는 지금껏 본 적 없는 무서운 눈빛으로 어머니를 바라보며 말했다.

"그러니까 더 귀한 것 아닌가? 나는 생각을 고칠 마음이 아예 없데이. 내 생각을 돌리려 들지 말고 떠나려면 임자 혼자 가이소."

아버지의 똥고집에 결국 어머니는 두 손 두 발 다 들었다.

두 동생과 나는 그런 아버지와 어머니를 청도에 남겨 두고 나라를 지키기 위해 전쟁터로 떠났다. 나는 아버지와 어머니, 그리고 아내와 아이들에게 꼭 살아서 만나자고 약속했다.

전쟁터에서 우리 형제는 뿔뿔이 흩어져 다른 부대에 배치되었다. 포탄이 떨어지는 싸움터에서도 나는 가족들이 무사하기를 마음속으로 항상 빌었다.

우르르 쾅쾅! 펑, 펑!

귀를 찢는 듯한 포성 아래 사람들은 오로지 살기 위해 파도에 떠밀리듯 피란길을 떠났다. 특별한 목적지도 없이 그저 북한군을 피해 정신없이 남쪽으로 내려갔다.

김을 매 놓은 가지런한 논과 새파랗게 잘 자라던 밭작물이 모두 짓밟혀 쑥대밭이 되었다. 농지 개혁법으로 내 땅을 가질 수 있다며 기뻐했던 일이 옛날이야기처럼 아득하게 느껴졌다.

전쟁이 끝을 향해 갈 무렵, 하늘이 내 기도를 들었는지 다행히 청도는 전쟁의 피해를 비껴갔다는 소식을 들었다. 아버지와 어머니는 전쟁이 끝나 고향에 돌아올 우리 형제를 애타게 기다리고 계실 터였다.

1953년 7월, 전쟁이 끝났다. 나는 살아서 돌아왔다는 기쁨보다

가족에 대한 걱정이 더 컸다. 그 생각을 안고 흙먼지 풀풀 날리며 좁다란 논둑을 힘겹게 걸었다. 참 더운 여름날이었다. 군복은 땀에 절어 짙은 녹색으로 변한 지 오래였다. 연신 땀을 소매로 닦으며 나는 발걸음을 재촉했다.

"3년 만이네……."

마치 꿈을 꾸는 것 같았다. 나는 마을 어귀에 희끄무레하게 보이는 집으로 시선을 던졌다. 3년 전, 싸리문을 나서는 등 뒤로 들렸던 아이들의 울음소리가 다시 생생하게 들리는 듯했다.

6·25 전쟁의 불길을 용케 피했다 하더라도, 사람 목숨이 파리 목숨 같았던 3년의 세월 동안 가족은 모두 무사했을까? 싸리문 너머 가족이 전쟁 전처럼 온전히 있으리라는 보장이 없었다.

"가위바위보 해서 진 사람이 딱밤 맞는 기다."

"얘들아, 장독대는 피해서 뛰어다녀라이."

허물어져 가는 초가 너머, 앳된 남자아이와 아내의 목소리가 들려왔다. 그리웠던 목소리에 나는 차오르는 눈물을 애써 참았다. 그리고 있는 힘을 짜내어 싸리문을 열었다.

끼이익.

"누구시오?"

마루에 앉아 바느질하던 아내가 하던 일을 멈추고 문 쪽을 쳐다보았다.

"여, 여보!"

나는 내게 달려오는 아내를 보았다. 아직 서른도 안 된 나이였지만 아내의 얼굴은 매우 고단해 보였다. 내가 전쟁터에서 싸우는 동안 아내의 고생이 말도 못 했으리라.

"길수 엄마, 그간 얼마나 고생이 많았소."

술래잡기하던 첫째 아들, 길수가 날 알아보고 달려왔다.

"아버지! 저 길수예요. 참말로 보고 싶었심더."

전쟁에 나가기 전, 아내 배 속에 있었던 막내딸 영희는 마당에서 나를 쳐다보며 그저 눈을 껌뻑거렸다.

"여보, 살아 돌아와 줘서 정말 고맙심니더."

아내는 눈물을 소매로 닦고 나서 내 손을 따뜻하게 잡았다.

"성수는? 그리고……."

나는 부모님에게 혹 무슨 일이 생겼을까 봐 말을 꺼내기가 두려웠다. 다행히 아내는 함박웃음을 지으며 이야기했다.

"어머님이랑 아버님은 성수랑 같이 밖에 나가셨심더. 금방 오실 낍니더. 근데 배고프진 않으십니꺼? 방에 들어가 옷부터 갈아입으이소."

'가족 모두가 살아 있구나!'

그 순간 나는 집으로 돌아오는 내내 나를 옭아맸던 걱정과 긴장이 풀리는 기분이 들었다. 나는 반갑게 매달린 길수의 손을 잡고 후들거리는 다리를 끌며 방으로 들어갔다.

곧이어 집으로 돌아오신 아버지 어머니와 나는 서로 꼭 껴안으며 눈물을 흘렸다.

"어머니, 동생들은요?"

조심스럽게 어머니의 표정을 살피며 물었다.

"아직 소식이 없구나. 무사히 돌아와야 할 텐데……."

못 본 사이 어머니의 잔주름이 깊은 주름으로 바뀌어 있었다. 나는 걱정하지 말라며 어머니의 손을 꼭 잡았다.

"아, 그런데 아버지 어머니, 성수랑 셋이 어디 다녀오셨어요?"

아버지는 한참 눈을 감고 숨을 고르더니 내 손을 잡아끌었다.

"따라와 봐라. 아무 말 하지 말고."

김을 매어 가지런한 논에서 벼가 바람을 타고 춤추고 있었다. 전쟁 중에 황폐해졌던 죽음의 땅이 생명을 머금은 초록빛 땅으로 바뀌어 있었다.

"영길아, 잘 봐래이. 이게 우리 땅이다."

작은 땅이었지만 아버지의 자부심이 느껴졌다.

"정말입니꺼? 진짜로 나라에서 땅을 나누어 준 거예요, 아버지?"

아버지는 지난해 이 땅을 나라에서 받았다고 했다. 당장 땅값을 낼 형편은 안 됐지만, 나라에서 3년에 걸쳐 조금씩 갚을 수 있게 해 줘서 가능했던 일이었다.

땅은 작았지만, 아버지가 부지런히 잘 가꾼 덕분에 우리 가족이 먹고살기에는 충분했다. 평생 자기 땅을 갖는 것이 소원이었던 아버지는 이웃들과 품앗이로 농사를 지으며 하루하루를 성실하게 살아가셨다.

끝으로 아버지가 요즘 나에게 자꾸만 하시는 말씀으로 이 이야기를 끝내려고 한다.

"영길아, 애들 셋 다 영어는 꼭 가르치래이. 요즘 미군들 많이 봤제? 미국이 얼마나 힘이 센지도 알제? 우리야 한국말도 까막눈이지만 애들은 영어를 배워 놓으면 다 쓸모가 있을 기다. 미국에서 다 쓰러져 가는 우리나라 살려 주겠다고 돈이랑 물자 주면서 도와줬다 아이가. 알겠제?"

아무래도 아버지에게 새로운 바람이 생긴 것 같다.

농지 개혁이 불러일으킨 나비 효과

• 농업 중심 사회와 소작농

일제의 무자비한 수탈과 6·25 전쟁은 우리나라 경제를 무너뜨렸어요. 그런데도 세계에서 가장 가난한 나라 중 하나였던 우리나라가 오늘날 경제 선진국이 될 수 있었던 이유는 무엇일까요?

해방 당시 남한 인구의 70% 이상은 농업 분야에서 일하고 있었어요. 당시 농사가 우리나라의 주요 산업이었던 거지요. 그럼 모두가 자신의 땅에서 농사를 지었을까요? 아니에요. 자신의 땅에서 농사를 짓는 자작농은 단 14%밖에 안 되었어요. 그럼 나머지 사람들은 어떻게 농사를 지

| 농민의 토지 보유 상황(남한 1945년 말) |

남한 농가	호수(비율)
총호수	2,065,000(100%)
자기 땅에서 농사짓는 자작농	287,000(13.9%)
남의 땅을 빌려 농사짓는 소작농	1,005,000(48.7%)
자작 겸 소작농	717,000(34.7%)
소작료를 받는 땅 주인(지주)	56,000(2.7%)

(자료 : 『조선 경제 연감』)

었을까요? 땅이 없는 사람들은 남의 땅을 빌려 농사를 지었어요. 대신 수확량의 반 이상을 땅을 빌린 대가로 내야 했죠. 그러다 보니 열심히 일해도 남는 게 거의 없었어요. 이러한 사람들을 '소작농'이라고 해요.

• 변화와 개혁의 필요성

다른 나라들도 우리나라처럼 농사꾼 대부분이 소작농이었어요. 하지만 사회가 변하고 산업이 다양해지면서 농사 외의 일에 종사할 사람들이 점점 더 필요해졌죠. 그런데 소작농들은 높은 소작료를 치르느라 생계를 유지하기가 힘들었기 때문에 열심히 일하고 싶은 마음이 잘 생기지 않았어요. 그렇다고 농촌을 떠나 도시로 나가 새로운 일을 시작하기도 쉽지 않았어요. 그래서 우리나라뿐 아니라 세계 여러 나라에서도 경제를 발전시키기 위해 농지 개혁을 실시하게 된 거예요.

1950년대에 우리나라보다 잘살았던 필리핀은 지주들의 방해로 농지 개혁에 실패하면서 지주와 소작농 간의 불평등이 심해졌어요. 이로 인해 경제는 안정되지 못했고, 사회 갈등도 커졌어요. 이는 다양한 산업이 발전하지 못하는 결과를 낳았지요.

그렇다면 북한은 어땠을까요? 북한은 남한보다 앞서 농지 개혁을 했어요. 지주들의 땅을 강제로 빼앗아 소작농에게 빌려주는 방식이었지요. 하지만 이는 땅 주인이 단지 국가로 바뀐 셈으로, 북한의 소작농들은 끝내 자신의 땅을 갖지 못했어요.

• 우리나라의 농지 개혁

우리나라의 농지 개혁은 필리핀이나 북한과 달랐어요. 정부는 지주에게서 땅을 사고, 대신 '지가 증권'이라는 종이 문서를 주었어요. 이 문서

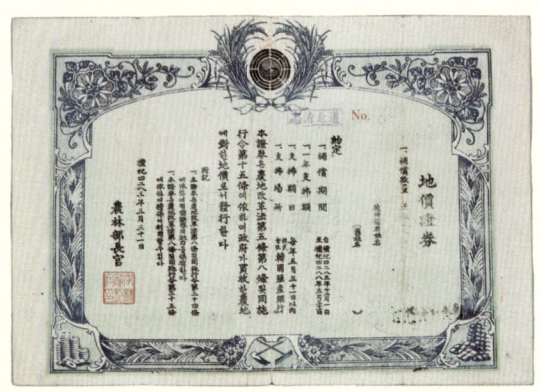

1950년 농지 개혁의 보상으로 교부된 지가 증권
(사진 제공 : 대한민국역사박물관)

에는 땅값과 5년에 걸쳐 갚겠다는 약속, 그리고 이자도 함께 준다는 내용이 있었어요. 정부는 이렇게 산 땅을 소작농에게 나누어 주고, 땅값은 몇 년에 걸쳐 나누어 갚게 했어요. 이러한 조치는 1949년 6월에 농지 개혁법을 제정하고 1년 뒤인 1950년에 빠르게 시행되었어요. 소작농들이 자작농이 되어 더 열심히 농사짓게 하고, 사회적으로 진정한 평등을 이루려는 목적이었지요.

우리나라의 농지 개혁은 성공했을까요? 네, 소작농은 마침내 토지의 소유자가 되었어요. 이것은 그들이 자신의 땅에 무엇을 심고 어떻게 관리할지 스스로 결정할 수 있게 되었다는 점에서 큰 변화였어요.

또한, 가혹한 소작료를 내지 않아도 되면서 돈을 모을 수 있게 되어 더 나은 삶을 살 수 있었어요. 그 덕분에 가족의 미래를 계획하며 자식들의 교육에도 투자할 수 있게 되었지요.

이렇게 농지 개혁에 성공한 우리나라는 이후 공업과 기계 산업 중심의 산업화 국가로 빠르게 변모할 수 있게 되었어요.

미국의 원조로 탄생한 삼백 산업

• 전쟁 후 산업 발달의 필요성

6·25 전쟁 이후 우리나라는 모든 것이 부족한 상태였어요. 집, 학교, 심지어 물건을 만드는 산업체까지 파괴된 상황이었지요. 먹을 것이 없어 많은 사람이 굶주림에 허덕였어요.

그뿐만이 아니었어요. 갑작스러운 전쟁에서 간신히 살아남은 사람들에게 옷은 사치였죠. 누구나 해지고 닳은 옷을 입고, 그 옷 한 벌로 모진 겨울을 견뎌야 했어요. 천 한 조각 한 조각이 매우 귀했어요.

다행히 미국에서 우리나라를 돕기 위해 밀, 보리, 설탕과 같은 식량부터 면화, 비료 등 다양한 종류의 물건을 보내 주었어요. 그 가치는 총 20억 달러 이상이었지요.

하지만 언제까지나 미국의 도움을 받을 수는 없었기에 우리나라는 서둘러 우리만의 산업을 갖춰야 했어요. 그중 가장 시급하고 중요한 것은 역시 먹고사는 문제였죠. 그래서 우리나라는 미국에서 받은 밀을 가공하기 시작했어요.

• 나라를 일으킨 밀가루·설탕·면직물 산업

밀가루는 매우 귀하고 비싼 재료라 이전까지 일반 사람들이 쉽게 접하기 어려웠어요. 하지만 밀가루가 대량으로 가공되고 판매되기 시작하자 밀가루의 가격이 점점 낮아졌어요. 이때부터 사람들은 값싼 밀가루를 이용하여 국수, 짜장면 등의 음식을 만들어 먹기 시작했답니다. 그 덕분에 사람들은 끼니 걱정을 덜 수 있게 되었지요.

가공한 것은 밀가루만이 아니었어요. 당시에는 설탕을 가공할 능력이 없어서 외국에서 수입할 수밖에 없었어요. 당연히 보통 사람들은 비싼 설탕을 사 먹을 엄두도 못 냈죠. 하지만 미국이 준 설탕 원료를 우리 기술로 가공하는 데 성공하면서 비로소 값싸고 좋은 설탕을 쉽게 구할 수 있게 되었어요. 그 결과, 설탕이 들어간 음식이나 과자류 등의 생산도 가능해졌답니다.

원료 색이 모두 흰색인 삼백 산업

삼성그룹을 세운 이병철 회장은 국민의 의생활 문제를 해결하기 위해 제일모직 공장을 만들어 질 좋고 저렴한 원단을 만들어 냈어요. 면보다 비싼 원단인 '모'로 만든 옷은 모직의 본고장인 영국과 이탈리아에서도 인정받았어요. 또한 우리나라 부자들 사이에서 날개 돋친 듯 팔려 더 이상 외국에서 원단을 수입할 필요가 없어졌고, 오히려 우리나라에서 원단을 수출하기도 했지요.

이후 실을 만들고 천을 짜는 방직, 천을 잘라 옷을 만드는 재단 등에 투자하는 기업이 많이 생겨났어요. 그러면서 질 좋고 저렴한 면직물을 생산하게 되는 등 우리나라의 섬유 산업은 크게 발달했답니다.

밀가루, 설탕, 면직물 산업의 원료 색이 모두 흰색이에요. 따라서 이들 산업을 합쳐 삼백(三白) 산업이라고 불렀어요.

삼백 산업의 발달은 경제적으로 힘들었던 우리 국민에게 '할 수 있다'는 자신감을 심어 주었어요. 이후 우리나라는 산업화에 성공하여 도움을 받던 나라에서 다른 나라를 도와주는 나라로 성장했답니다.

· 2화 ·
소중한 내 머리카락

1960년대

"영희 왔어?"

옆자리 언니는 오늘도 싱글벙글 웃으며 영희에게 인사를 건넸다. 언니는 늘 웃는 얼굴로 작업실을 밝혀 줘서 별명이 해님이다. 지하에 있는 작업실에는 창문 하나 없어 불을 켜도 늘 어두컴컴했는데, 해님 언니의 웃는 얼굴은 천장에 달린 형광등보다 작업실을 더 환하게 비춰 주었다.

사람들은 날마다 지하 작업실에서 열 시간이 넘도록 일했다. 다들 늘 지친 채 인형처럼 표정 없이 앉아 일만 하느라 작업실은 적막했다. 그런데도 언니는 늘 동료들에게 한결같이 따뜻하게 웃어 주었다. 영희도 해님 언니를 따라 늘 밝은 얼굴로 작업에 최선을 다하며 하루하루를 보내고 있었다.

"네, 언니. 에취! 오늘도 일찍 오셨네요."

작업실의 먼지가 코를 간질였다. 영희는 어제까지 작업했던 가발을 집어 들고 자리에 앉았다. 영희의 역할은 캡(가발의 기본 틀)에 머리카락을 한 올 한 올 심는 것이었다.

기다란 작업 탁자를 따라 소녀들이 가발을 앞에 두고 나란히 앉아 있었다. 몸 뒤틀 공간조차 없는 좁은 곳이었지만, 일자리를 구하러 도시까지 온 시골 소녀에게 이곳은 4년째 소중한 일터가 되어 주었다. 이곳에서 일하는 사람 대부분은 국민학교(지금의 초등학교)를 졸업하지 못했거나 혹은 갓 졸업한 소녀들이었다.

"영희야, 도시 가서는 배곯지 말고……."

3년 전, 엄마는 홀로 도시로 떠나는 어린 영희가 가여워서 어쩔 줄 몰라 했다.

청도에서 이곳까지는 멀지 않은 거리였지만, 열일곱 살 영희는 이렇게 일찍 엄마와 떨어져서 혼자 기숙사 생활을 하며 가발 공장에서 청춘의 한 페이지를 채울 줄 꿈에도 몰랐다. 가발 공장에서 몇 년만 일하면 부자 된다는 이야기가 허황된 줄은 알았지만 영희는 일하러 갈 수밖에 없었다.

엄마는 딸의 앳된 얼굴을 마주 보기가 힘든지 연신 영희의 손만 꼭 잡았다. 영희는 그런 엄마를 보며 말했다.

"엄마, 걱정 마세요. 거기에 가면 기숙사도 있고, 밥도 주고, 재

워도 준대요. 제가 열심히 돈 벌어서 올게요."

"그래, 꼭 건강하게 잘 지내야 한다."

영희도 고된 농사일로 거칠어진 엄마의 손을 꼭 잡고 말없이 엄마를 바라보았다.

다들 더 나은 일자리를 찾아 농촌을 떠나 도시로 가고 있었다. 어릴 적부터 할아버지에게 귀가 아프도록 들었던 영어 공부하라는 소리는 이제 의미 없는 메아리가 되었다.

영희가 집 떠날 때 메고 온 작은 보자기 가방에는 엄마가 사준 고급 참빗(빗살이 가늘고 촘촘한 빗)과 갈아입을 옷 몇 벌, 어릴 적 즐겨 읽었고 가장 좋아하는 안데르센의 『미운 오리 새끼』 책 한 권이 다였다.

"하아······."

작은 구멍에 머리카락을 끊임없이 심다 보니 영희는 금세 눈이 피곤해졌다. 영희는 가발을 만들다 말고 이 많은 머리카락은 대체 어디서 온 건지 그리고 어떤 사연을 갖고 있는지를 생각하느라 공상에 빠졌다. 그러다 무심코 자신의 머리카락을 만져 보았다. 검고 풍성한 긴 머리카락은 영희의 보물이었다. 그런데 3년 전, 무슨 바람이 불었는지 유행을 따라 머리를 짧게 잘랐는데, 그 모습이 영 마음에 들지 않았다. 그날 이후, 영희는 다시는 머리를 자르지 않겠다고 다짐했다.

영희는 순간 자신의 머리카락으로 가발을 만드는 장면을 떠올리고 말았다. 머리카락이 싹둑싹둑 잘리는 상상만으로도 진저리가 났다.

"영희야, 작업반장 오빠 온다."

작업반장 김 씨는 몇 달 전, 가발 공장에 새로 들어왔다. 큰 키에, 웃으면 눈이 작아지는 서글서글한 인상의 김 씨는 젊은 나이에 작업반장 자리를 맡았다. 그것 때문인지 김 씨가 사장의 먼 친척이라는 소문이 돌았다.

"영희야, 점심은 먹었니?"

김 씨는 늘 다정한 말투로 영희에게 말을 걸었다. 영희는 유독 김 씨가 자신에게만 친절한 것 같았다.

갈수록 영희가 거울 앞에 있는 시간이 늘어났다. 기숙사의 벽 한편에 있는 거울은 볼품없이 작고 낡았지만 십 대 소녀의 감성을 채워 줄 매우 소중한 물건이었다. 요즘 영희는 거울 앞에서 어떻게 하면 앞머리를 풍성하게 띄워 더 예쁘게 보일지 고민하는 시간이 길어졌다.

"언니, 고생 많으셨어요."

아침 일곱 시에 해를 보고 출근했는데, 벌써 밤 아홉 시를 알리는 소리가 났다. 푹푹 찌는 여름 날씨에 선풍기도 없는 작업실이 오늘따라 더욱더 후덥지근했다. 영희는 해님 언니에게 얼른 인사하고 뒷정리를 빠르게 했다.

"내일이구나!"

영희는 중얼거리며 기숙사로 향했다. 기숙사라 해도 공장과 같은 담장 안의 건물이었다.

건물 안으로 들어서자 복도 양쪽으로 문들이 죽 늘어서 있다. 104호라 적힌 방문을 열고 들어가니 영희보다 일찍 일을 끝내고 온 동료 세 명이 두런두런 이야기를 나누고 있었다. 비록 여러 명이 함께 쓰는 비좁은 곳이지만 하루 종일 고된 일에 시달린 몸을 쉬게 하는 더없이 소중한 공간이다.

이곳 기숙사에서 영희는 여섯 명과 함께 방을 썼다. 잠을 잘 때는 이불을 깔고 일렬로 누워서 잤고, 화장실에 가는 것도 줄을 서서 기다려야 했다. 물도 잘 나오지 않아 씻을 때도 불편한 게 이만저만이 아니었다. 같은 방을 쓰는 동료 중 가장 친한 정숙이는 아직 공장에서 돌아오지 않은 듯했다. 정숙이는 가발의 캡을 만들었는데 너무 힘들다며 고향집에 가고 싶다고 종종 울었다.

영희는 너무 피곤한 나머지 쓰러지듯 이불에 누웠다. 그렇게 한동안 누워 있다가 지난주 큰오빠가 보낸 편지 생각이 났다.

"갑자기 왜 집에 오라고 할까?"

형광등 불빛이 밝지 않아 침침했지만 영희는 편지를 다시 한 번 읽어 보았다. 다음 주 주말에 청도에 한번 내려오라는 내용이었다. 그날이 바로 내일이다. 편지에 담긴 밝은 말투로 보아 반가운 소식인 것 같았다.

집에 가는 건 1년 만이었다. 바쁘게 돈을 번다며 부모님을 자주 찾아뵙지 못했다는 생각에 영희는 문득 죄송스러운 마음이 들었다.

"아……, 씻고 자야 하는데."

영희는 한꺼번에 몰려오는 졸음을 이기지 못하고 까무룩 잠이 들었다. 그날 밤 영희는 꿈에서 자신을 얼싸안고 기쁘게 웃는 엄마를 보았다.

'어쩌지? 오빠에게 꼭 선물해 주고 싶은데…….'

주말에 청도에 다녀온 영희는 옷장 깊숙한 곳에 모아 둔 돈을 세어 보았다. 1년 만에 만난 엄마는 좋은 소식이 있다며 싱글벙글했는데, 그건 바로 큰오빠 길수의 결혼 소식이었다. 영희는 오빠에게 멋진 선물을 해 주고 싶었다. 하지만 영희가 그동안 열심히 일해서 번 돈은 많지 않았고, 그마저 틈틈이 집으로 보내느라 남은 것이 별로 없었다.

영희는 양복점에서 본 진회색 양복을 큰오빠에게 선물하고 싶었다. 오빠가 그 양복을 입고 결혼하는 모습을 상상하니 영희는 더욱더 애가 탔다. 영희가 이불에 엎드려 머리를 쥐어뜯고 있는데 뒤에서 정숙이의 목소리가 들려왔다.

"영희야, 편지 왔어."

같은 방 친구인 정숙이가 영희 앞으로 하얀 봉투를 내밀었다.

"편지? 누구한테 왔지?"

"이거 꼬부랑 글씨라 뭐라 적혀 있는지 모르겠다."

"꼬부랑 글씨라면…… 성호 오빠야!"

성호는 영희의 사촌 오빠였다. 사촌 오빠는 몇 년 전 광부로 지원하여 독일에 갔다. 그리고 그곳에서 간호사로 일하는 한국 여자와 만나 결혼했다. 영희는 편지를 뜯어 보았다.

영희야 잘 지내니?

따스한 사촌 오빠의 목소리가 대한민국까지 와 닿는 것 같았다. 영희는 계속 편지를 읽어 나갔다.

전쟁으로 폐허가 된 대한민국이 손에 하나 쥔 것 없지만 일어서기 위해 여러 방면에서 노력한다는 소식을 들었어. 가발과 신발 공장, 봉제 산업 등에서 사람들이 밤낮없이 일한다지? 사람들이 힘들게 일해 만든 물건이 해외로 많이 수출되고 있다는 이야기에 같은 한국인으로서 마음이 뜨거워져. 특히 영희가 만든 가발이 해외에서 효자 품목이라더라.

이 오빠는 네가 정말 자랑스럽다. 하지만 한편으로는 나라와 가족을 위해 네가 힘든 환경에서 얼마나 고생하고 있을지 눈앞에 그려져 마음이 아프기도 하단다.

영희는 사촌 오빠가 자신의 어려움을 알아주는 것 같아 그 마음이 그저 고마웠다.

영희야, 나도 너처럼 나라와 가족을 위해 이곳에서 열심히 일하고 있어. 나는 오늘도 광산의 깊은 곳으로 내려가기 전 동료들과 "살아서 만나자!"고 약속했어. 몇 년을 일해도 이곳 광산의 어두움과 답답함에는 여전히 익숙해지지 않네. 일을 마치고 내 몸을 뒤덮은 까만 먼지를 씻어 내야 비로소 하루가 끝났다는 느낌이 들더라.

나도 힘들지만, 아내 또한 독일 사람들이 꺼리는 간호 일을 하느라 매우 힘들어하고 있어. 하지만 가족을 위해, 그리고 미래에 태어날 아기를 위해 우리는 하루하루를 견디고 있단다.

하루빨리 우리나라로 돌아가 가족과 친척들을 보고 싶어. 그때까지 모두 건강하길 바라.

영희는 라디오에서 독일로 간 광부와 간호사가 벌어들인 외화 수입이 우리나라 경제에 큰 도움이 된다는 이야기를 들은 적이 있다. 그들 모두는 대한민국의 경제 개발에 크게 이바지한 영웅이었다. 사촌 오빠와 새언니가 힘든 타국 생활을 견디며 나라와 가족을 위해 꿋꿋이 일하고 있다는 생각이 들자 영희는 코끝이 찡해졌다.

영희는 펜을 들어 사촌 오빠에게 큰오빠 길수의 결혼 소식을 전하기로 했다.

오빠, 타국에서 늘 고생이 많아요. 저도 이번에 1년 만에 청도 집에 다녀왔는데요…….

편지를 다 쓰자 영희는 잠시 묻어 두었던 고민이 또다시 떠올랐다. 큰오빠의 결혼식까지 시간이 별로 남지 않았다. 하지만 양복을 살 돈을 어떻게 마련할지 도무지 좋은 생각이 떠오르지 않았다.

"좋은 아침!"
잠을 설친 탓에 영희의 낯빛이 좋지 않았다. 영희는 무거운 눈꺼풀을 비비며 해님 언니를 향해 미소 지었다.
"어?"
그때 영희의 눈에 맞은편에 앉은 동료의 낯선 모습이 들어왔다. 탐스러운 긴 머리카락 대신 보자기에 머리가 둘둘 말려 있었다. 가만히 쳐다보니 그 동료는 쑥스럽다는 듯 미소 지으며 입을

뗐다.

"아……, 머리카락을 좀 잘라서 팔았어."

영희는 어색한 미소로 답하며 고개를 끄덕였다.

순간 영희의 머리에 번뜩이는 생각이 스쳐 지나갔다.

'그래! 머리카락을 잘라 팔면 돈이 됐지!'

그날 저녁, 일을 평소보다 일찍 마친 영희는 기숙사로 빠르게 달려갔다.

영희는 서랍 속에서 녹이 조금 슨 가위를 꺼냈다. 그러곤 거울에 비친 자신의 모습을 가만히 바라보았다. 3년간 애지중지하며 기른 머리카락이었다. 형광등 빛에 큰오빠의 얼굴과 작업반장 김 씨의 얼굴이 번갈아 스쳐 지나갔다.

'건강한 머리카락이니까 많이 받을 수 있을 거야. 머리는 또 금방 자라겠지.'

영희는 터져 나오는 울음을 참으려고 입술을 꾹 깨물어 보았다. 머리카락을 스스로 잘라 본 경험이 없었기에 순간 망설여졌다. 하지만 이내 마음을 고쳐먹고 한 손으로 머리카락을 잡은 채 일자로 잘라 나가기 시작했다.

싹둑싹둑.

눈물이 범벅이 되어 거울 속 자신의 모습이 잘 보이지 않았다. 정신을 차려 보니 영희의 머리는 학창 시절에 마지막으로 했던 단발머리가 되어 있었다. 게다가 머리끝은 삐뚤빼뚤하고 엉망이었다. 영희는 짧아진 머리카락이 어색하여 거울에 비친 자기 모습을 낯선 사람 보듯 쳐다보았다. 잠시 뒤, 영희는 잘라 낸 머리카락을 고무줄로 묶은 다음 금덩어리라도 되는 양 고이 서랍 속에 넣었다.

"여기, 머리카락 값이요."
동네에 머리카락을 사러 다니는 사람이 값을 후하게 쳐줬다며 영희에게 돈을 주었다.
머리카락 값은 생각보다 적었다. 영희는 절망스러웠다. 순간, 양복점에서 본 멋진 진회색 양복이 보란 듯이 영희를 비웃으며 저편으로 사라졌다.
영희는 백조가 된 미운 오리 새끼 이야기가 떠올랐다. 어릴 적, 영희는 자신도 미운 오리 새끼처럼 커서는 멋지고 우아한 백조가 될 것이라 믿었다. 그런데 지금의 자신은 그저 미운 오리일 뿐이라는 생각에 처량함이 밀려왔다.
영희가 머리카락을 팔아 받은 돈은 몇 주째 지갑 속에 고이 담겨 있다. 큰오빠의 결혼식은 어느덧 2주 앞으로 성큼 다가왔다. 영희는 초조했다. 큰오빠는 청도에서 부모님과 함께 농사일을 하느라 결혼할 돈이 충분치 않아 마음고생을 많이 했을 것이다. 영희는 돈이 부족해 양복을 사지는 못했지만 조금이라도 돈을 더 모아 오빠에게 주고 싶었다. 하지만 공장에서 일하고 받는 돈은 너무 적었다. 돈을 아무리 아끼고 모아도 머리를 팔아 받은 돈에서 크게 불어나지 않았다.

어느덧 일요일이 되었다. 영희는 청도로 가는 버스에 올라탔다.

덜컹덜컹.

그리 멀지 않은 길이지만 오늘따라 집으로 가는 길이 엿가락처럼 길게 늘어진 것 같았다. 마음 한편이 불안했다. 이게 옳은 행동인지 자신이 없었다. 손에 쥔 푼돈으로 오빠에게 괜히 생색내는 것은 아닌지, 오빠의 마음만 더 불편하게 하는 것은 아닌지 도리어 걱정되었다.

저 멀리 감나무가 있는 초가지붕이 눈에 들어왔다. 인기척을 느꼈는지 개동이가 짖기 시작했다.

"엄마, 아빠, 저 왔어요. 오빠, 나 왔어."

집이 조용했다. 논이나 밭에 갔나 보다 짐작한 영희는 마루에 앉아 기다리기로 했다. 앉은 채 집 안을 휘 둘러보자 어릴 적 삼남매가 뛰어놀았던 옛 기억이 떠올랐다. 영희보다 한 살 더 먹은 작은오빠 성수와 치고받고 싸울 때마다 큰오빠 길수는 항상 영희 편을 들어 주었다. 길수는 누가 영희를 놀리면 나서서 혼내 주고, 영희가 다리 아프다고 하면 업어 주며 맛있는 것을 건넸다. 길수는 영희에게 늘 고마운 오빠였다.

끼익.

문이 열리는 소리가 들렸다. 큰오빠 길수였다.

"오빠."

"어? 영희야, 연락도 없이 갑자기 웬일이니."

반가워하는 길수의 얼굴이 환한 달덩이처럼 빛났다.

"오빠, 엄마랑 아빠는?"

"아, 고추 딴다고 밭에 잠시 가셨어. 밥은 먹었니?"

"아직 안 먹었어. 근데 오빠, 곧 결혼이잖아. 그래서 내가 줄 게 있어서……."

영희는 머뭇대며 길수에게 다가갔다. 가까이 온 영희를 보고 길수의 얼굴이 굳어졌다.

"잠깐만……, 너 머리가?"

"아……, 그냥 좀 잘랐어. 이거 받아. 엄마 아빠한테는 비밀이야."

영희는 봉투를 내밀었다.

"이게 뭔데?"

길수는 당황한 표정을 감추지 못했다.

"너, 설마 머리카락 팔아서 마련한 거니?"

길수는 갑작스럽게 말이 없어졌다.

"그게……, 오빠한테 새 양복을 사 주고 싶었는데 공장에서 버는 돈으로는 어림도 없는 거야."

영희는 그간 마음 졸이며 지냈던 시간을 떠올렸다. 그러자 걷잡을 수 없이 눈물이 쏟아졌다. 양복을 끝내 사지 못한 데다, 울어서 엉망이 된 자신의 모습이 서러워 영희는 엉엉 울었다.

길수는 영희의 모습을 그저 가만히 쳐다보았다. 이내 길수의 눈에도 눈물이 그렁그렁 맺혔다.

"네가 고생해서 번 돈을 내가 어떻게 받겠니. 마음만이라도 진짜 고맙다."

길수는 그 돈을 마련하기까지 영희가 했을 마음고생이 느껴졌다. 길수는 눈물 콧물이 범벅이 되어 아이처럼 우는 영희를 가만히 안아 주었다.

가벼운 물건을 만들어요
: 우리나라 경공업의 발달

• 가난에서 성장으로 : 경제 개발 5개년 계획

1950년에 일어난 6·25 전쟁은 우리나라의 국토를 엉망으로 만들고 공장과 건물, 철도 등 많은 경제 시설들을 파괴하며 가난이라는 아픔을 안겨 주었어요. 어려웠던 경제 상황은 10년이 지난 1960년이 되어도 좀처럼 회복되지 못했어요. 자신의 피와 머리카락을 팔며 근근이 생계를 이어 나가는 사람도 많았지요. 1960년대 초반, 대한민국은 세계에서 제일 못사는 수준으로 1962년에는 1인당 국민 소득이 약 120달러였어요. 이는 아프리카의 가나(약 190달러)보다 낮았지요.

다른 나라와의 무역도 좋지 않았어요. 1960년, 수출액은 약 3,000만 달러인데 수입액은 3억 달러로 수출보다 수입이 10배나 큰 적자였어요. 미국의 지원도 1959년부터는 받을 수 없게 되어 지원받은 금액을 갚아 나가야만 했어요.

나라가 침몰해 가는 상황을 지켜볼 수 없었던 정부는 나라의 경제를 일으킬 계획을 세웠어요. 그것이 1962년부터 1966년까지 시행된 '1차 경제 개발 5개년 계획'이에요. 이때 석탄 등을 이용해 전기를 만드는 발전소와 물건을 생산하기 위한 공장이 곳곳에 지어졌어요.

• 경공업 중심의 산업 변화

1960년대 우리나라는 기술과 자본은 부족했지만 노동력은 풍부했어요. 그래서 섬유, 신발, 가발, 합판 등 일손이 많이 필요한 산업이 크게 발달했지요. 이때 생산된 공산품의 무게가 가벼웠기 때문에 그 산업을 경(輕)공업이라 불렀어요. 경공업은 서울, 부산, 대구 등 일할 사람이 많은 대도시를 중심으로 성장했어요.

경공업 공산품은 가격이 저렴해 해외에서 인기가 많았어요. 1963년에는 텅스텐, 철, 흑연과 같은 광산물보다 가발, 섬유, 신발 등의 공산품을 더 많이 수출하여 외화를 벌었지요. 그 덕분에 1963년에는 우리나라가 가진 외화가 1억 달러도 안 되었는데, 1년 만인 1964년에는 수출 1억 달러를 달성하게 된답니다.

1960년대, 정부와 국민의 땀과 노력으로 우리나라는 1962년부터 5년 동안 연평균 8.3%의 경제 성장을 기록하며 점점 가난의 그늘에서 벗어

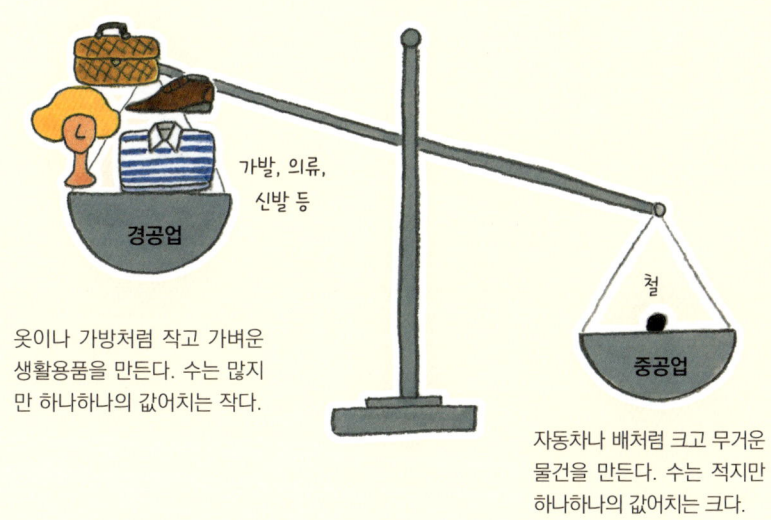

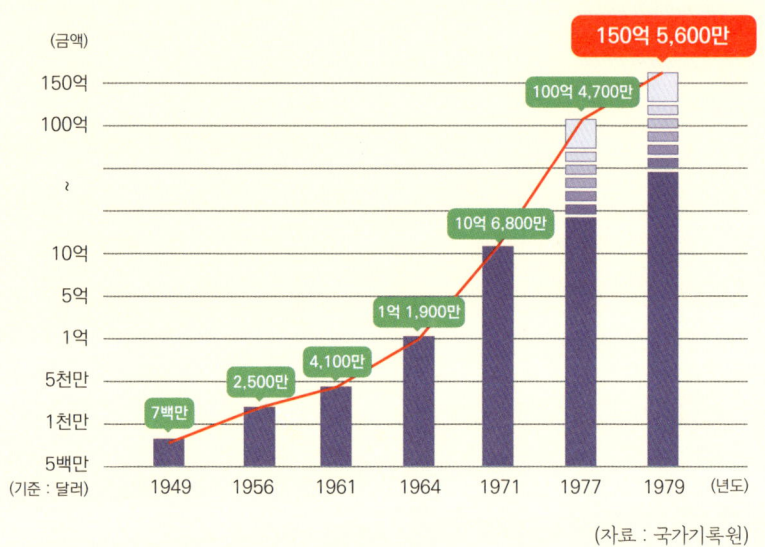

| 연도별 수출 금액 변화 |

(자료 : 국가기록원)

날 수 있게 되었어요.

한편 정부는 외화를 벌기 위해 서독(통일 이전의 독일 중 서쪽 국가)에 사람들을 보내기도 했어요. 사람들은 기꺼이 가족의 생계를 위해 서독행 비행기에 올랐지요.

1963년부터 1977년까지 총 18,000여 명의 사람들이 서독에 가서 광부와 간호사로 일했어요. 이들이 벌어들인 돈이 당시 9급 공무원 월급의 10~15배였다고 해요. 파독 광부와 간호사들이 벌어 온 외화 덕분에 대한민국의 경제는 빠르게 성장하는 기반을 마련할 수 있었답니다.

최초로 산업 혁명에 성공한 영국

• 농업 사회의 한계와 인구 변화

　산업 혁명이 일어나기 전인 18세기 초까지 사람들은 농업으로 생계를 이으며 생활 수준을 크게 높이지 못했어요. 농업 생산량에는 한계가 있었고, 인구가 늘어날수록 먹을 것이 부족해져 많은 사람들이 굶주림을 겪어야 했지요. 그러다 전염병이나 전쟁으로 인구가 줄면 식량 사정이 잠시 나아졌다가 다시 굶주리게 되는 일이 반복되었어요. 그래서 인구는 오랫동안 크게 늘어나지 못했답니다. 하지만 산업 혁명으로 생산성과 효율성이 크게 향상되면서 식량 문제를 해결할 수 있었고, 그 덕분에 인구가 폭발적으로 증가했지요.

• 산업 혁명의 과정

　16세기경 양털을 원료로 하는 모직물의 수요가 늘자 영국의 지주들은 기존에 농사짓던 땅을 목장으로 바꿔 양을 키웠어요. 그리고 양을 잃어버리지 않기 위해 자연스럽게 울타리를 치게 됐지요. 이를 울타리를 두른다는 뜻으로 '인클로저(enclosure) 운동'이라고 해요.

　이때 지주들은 공동으로 쓰는 땅이나 들판에도 울타리를 치고 혼자 사용했어요. 이 때문에 농사지을 땅을 잃은 농부들이 도시로 몰려들었고, 도시에는 값싼 노동자가 많아졌어요. 이렇게 해서 영국은 다른 나라보다 앞서 공업을 발달시킬 기반을 갖추게 되었어요.

18세기에 이르자 본격적인 변화가 시작돼요. 영국이 인도를 지배하던 당시, 인도의 면직물이 영국에 소개되었어요. 부드럽고 품질이 좋은 데다 값까지 싼 인도의 면직물은 영국에서 엄청난 인기를 끌었지요. 영국은 인도에서 면직물의 원료인 목화솜을 들여와 자국의 면직물 산업을 키웠어요.

 이후 영국은 면직물을 대량 생산하기 위해 실을 빨리 뽑아내는 방적기를 발명했어요. 그 덕분에 물레로 실을 뽑을 때보다 훨씬 빠르게 면직물을 만들 수 있었지요. 특히 제임스 와트의 개량된 증기 기관을 이용한 증기 기관 방적기가 만들어지면서 사람이나 자연의 힘이 아닌 기계의 힘만으로 면직물을 대량 생산할 수 있게 되었어요. 그러면서 영국의 면직물 생산량은 폭발적으로 늘어났답니다.

그뿐만이 아니었어요. 증기 기관 덕분에 여러 분야의 공업이 크게 발전했고, 다양한 제품을 대량으로 생산할 수 있게 되었어요. 그리고 이렇게 만들어진 물건들을 소비자에게 빠르게 전달하기 위해 증기선과 증기 기관차가 만들어졌고, 철도가 건설되면서 교통도 함께 발달했어요.

이러한 일련의 모든 과정을 일컬어 산업 혁명이라고 해요. 산업 혁명을 통해 이전의 농업 사회와 전혀 다른 산업 사회가 나타나게 되었어요.

• 우리나라 산업화의 그림자

오랜 기간 산업화 과정을 거친 영국과 다르게 우리나라의 산업화는 짧은 기간에 빠르게 진행되었어요. 덕분에 우리나라 경제가 빠른 속도로 성장할 수 있었지만 그에 따른 부작용 또한 만만치 않았지요.

1960년대 산업화 초기, 봉제 공장에서 일하던 어린 소녀들은 햇빛도 들지 않는 좁디좁은 다락방에서 허리도 펴지 못한 채 무려 14시간 이상 미싱을 돌렸어요.

이때 봉제 노동자이자 노동 운동가였던 전태일은 소녀들이 겪어야 했던 가혹한 근로 환경에 분노했어요. 그래서 정부와 사업자에게 법에 따라 근로 환경을 개선할 것을 요구했지요. 요구가 받아들여지지 않자, 전태일은 스스로 자기 몸에 불을 붙여 소녀들의 힘든 상황을 세상에 알렸어요. 그의 희생 후, 노동자의 근로 환경은 점차 개선되었답니다.

· 3화 ·
바다에 띄운 무쇠 덩어리와 꿈

1970년대

"지각이다!"

성수는 어젯밤에 유난히 잠이 안 왔다. 새벽 3시가 지난 것을 확인하고 잠깐 눈만 붙인 것 같은데 눈을 뜨니 6시였다. 6시 반에 선배와 만나서 울산으로 출발하기로 했는데 아침부터 일이 대단히 꼬여 버렸다. 성수는 부랴부랴 세수하는 둥 마는 둥 말려 놓은 옷을 대충 입고 집을 나섰다.

"총각, 아침은 먹고 가."

마당을 비로 쓸고 있던 하숙집 주인아주머니의 목소리를 뒤로 한 채 성수는 약속 장소로 부리나케 달려갔다. 여태껏 약속 시간에 한 번도 늦은 적 없었기 때문에 당황해서 땀이 비 오듯 쏟아졌다. 숨이 턱끝까지 찰 즈음, 저 멀리 골목길 끝에 새파란 트럭이 보였다. 역시나 차가 먼저 와 있었다.

"안녕하십니까?"

트럭 문을 열며 성수는 애써 밝은 목소리로 인사했다. 가운데 자리에 앉아 있던 선배는 고개를 한 번 끄덕하더니 무뚝뚝한 얼굴로 먼 곳을 바라봤다.

매캐한 매연을 뿜으며 트럭이 출발했다. 열린 창문 사이로 들어온 매서운 바람이 성수의 뺨을 때렸다. 이따금 트럭이 덜컹거리고 바람이 세차게 파고들었지만 성수의 눈꺼풀은 자꾸만 감겼다.

"도착했어. 일어나."

선배가 흔들어 깨우는 목소리에 성수는 감겼던 눈을 힘겹게 떴다. 차갑고 메말랐던 바람이 어느덧 소금기를 머금은 눅눅한 바람으로 변해 있었다. 성수는 눈을 가늘게 뜨며 짙은 쪽빛 바다를 바라봤다. 작은 어선들이 간간이 지나갔다.

'바다……, 배…….'

파도가 밀려갔다 밀려오며 자꾸만 성수의 어린 시절을 실어 왔다.

어린 시절의 까까머리 성수가 크고 헐렁한 깜장 교복을 입고 텔레비전 앞에 앉아 있었다. 마을에서 제일 부자였던 최 영감님 집만 유일하게 텔레비전이 있던 시절이었다. 최 영감님 손자와

친했던 성수는 그날 텔레비전을 볼 기회를 얻었다. 어린 성수의 눈에 최 영감님 집은 운동장 같이 넓었다. 하지만 마을 사람들이 텔레비전 한번 보겠다며 어찌나 많이 모여들었던지 집 안이 새까만 개미 떼로 가득 찬 것 같았다.

아주머니들은 삼삼오오 모여 웃으며 이야기꽃을 피웠고, 아저씨들은 진지한 표정으로 이런저런 일을 논의했다. 텔레비전 하나로 최 영감님 집이 마을 사랑방이 되었다.

성수의 두 눈이 새카만 흑백텔레비전에 꽂혀 있을 때, 화면에 바다를 배경으로 한 외국 영화가 나왔다. 성수가 여태껏 단 한 번도 본 적 없는 엄청나게 커다란 배가 바다의 물살을 가르고 있었다. 배를 탄 연인들이 바다의 낭만에 취해 행복한 표정을 지으며 서로 속삭였다.

'저건 무엇으로 만든 배일까? 외국 사람들은 어떻게 저렇게 큰 배를 만들어 물에 띄운 것일까?'

어린 성수는 가만히 집에 있는 수많은 나무배를 생각했다. 코흘리개 시절부터 배라면 사족을 못 썼던 성수는 산에서 주워 온 나뭇가지들을 깎아 다양한 모양의 배를 만들었다. 그중 마음에 드는 배를 바라보며 언젠가 자신도 진짜 배를 만들 수 있다면 얼마나 좋을까 상상하곤 했다.

"이야! 저 허허벌판에 뭘 만든다고 저리 바쁜 건지."

운전기사가 감탄하는 소리에 성수의 어린 시절 기억은 썰물처럼 빠르게 빠져나갔다. 성수는 고개를 들어 창밖을 바라보았다. 거대한 기계들이 바다 근처 땅을 바쁘게 오가고 있었다.

"지금 저게 뭐 만드는 겁니까?"

성수는 터져 나오는 하품을 손으로 막으며 물었다.

"소식 못 들었소? 우리나라에서 이제 배를 만든다는데, 그러려면 조선소가 있어야 하잖소. 그런데 돈이 없어서 다른 나라에서 빌려서 조선소를 짓는다고 하더라고."

"예? 조선소가 왜 필요해요? 이미 배가 저렇게 많은데요. 보이시죠? 저 앞에 어선들이 지나가잖아요."

성수는 이해가 안 된다는 듯 고개를 갸웃했다.

"아니, 저런 작은 배 말고 철판으로 엄청나게 큰 배를 만들 거라는 이야기가 돈다던데? 그나저나 엄청나게 큰 배라니……. 얼마나 많은 사람이 붙어야 그 배를 만들 수 있으려나."

운전기사의 이야기에 성수는 전기 충격을 받은 듯 몸이 찌릿찌릿했다. 그리고 말할 수 없을 정도로 가슴이 두근거리기 시작했다.

그날, 성수는 하루가 어떻게 지나가는지도 모를 정도로 바쁘게 보냈다. 어디에 정신이 팔렸는지 가죽 토시와 앞치마도 없이 용접하다가 불꽃이 팔에 튀어 하마터면 화상을 입을 뻔했다. 자꾸만 운전기사의 이야기와 바닷가에서 본 커다란 공사장 기계들이 떠올랐다.

"나도 언젠가는 배 한번 만들어 볼 수 있으려나……."

성수는 스무 살부터 이것저것 가리지 않고 일했던 지난 시절을 떠올렸다. 어릴 적부터 제 손으로 배를 만들고 싶다고 생각했지만 그 꿈은 현실에 치여 마음 한구석에서 사라진 지 오래였다.

대신 성수는 공업 고등학교에서 배운 용접 기술로 건물의 내부를 만드는 일을 했고, 건물이 멋지게 완성될 때마다 말로 표현하지 못할 뿌듯함을 느꼈다. 성수는 용접 실력이 뛰어나 회사에서도 늘 주목받았고, 성수를 찾는 외부 업체들도 많았다.

이런저런 생각이 떠오르던 그날, 성수는 하루 종일 마음속 깊이 접어 두었던 꿈 보따리가 풀리는 듯한 기분에 휩싸였다. 마치 구름 위를 걷는 것 같았다.

그날 밤, 성수는 머리를 말리다가 책상 한편에 놓인 나무배를 멍하니 쳐다보았다. 어릴 적 직접 만든 배 중 가장 아끼는 것이었다. 성수는 철판으로 만든 엄청나게 큰 배에 대해 생각하고 또 생각했다. 그러다 무심코 라디오를 틀었다.

"박치기 왕 김일 선수가 이번 프로레슬링 경기에서도 유감없이 재능을 발휘하여 국민에게 큰 감동을……."

심야 뉴스가 흘러나왔다. 성수는 귀를 쫑긋하고 들었다.

"다음 뉴스입니다. 정부가 경공업에서 중화학 공업으로 산업 정책을 완전히 바꾼다는 소식입니다."

성수는 라디오 소리를 더 높였다.

"정부가 섬유, 가발, 신발 등과 같은 경공업 중심 산업 구조를 중화학 공업으로 바꾸기 위해 철강, 화학, 기계, 조선 등 6개 산업을 선정하여 크게 키울 예정입니다. 이에 전문 기술자를 교육하기 위해 전국에 공업 고등학교를 늘리고 정부가 운영비를 지원한다는 소식입니다."

운전기사의 말은 사실이었다. 그날 성수가 갔던 곳에 정말로 조선소가 만들어지는 중이었다. 그렇다면 분명 엄청나게 많은 기술자가 필요할 터였다.

그 이후, 얼마나 빠르게 시간이 흘렀는지 모른다. 성수는 마침 친구에게서 울산조선소에서 기술자를 뽑는다는 이야기를 들었다. 성수는 지원서를 넣었고, 그동안의 경력과 배를 만들고자 하는 열정을 높게 인정받아 조선소에 들어갈 수 있었다. 그날부터 성수는 거대한 선박을 만드는 꿈에 한 발짝 더 다가간 것 같아 하루하루가 매우 설렜다.

"김 대리님, 오늘도 야근하십니까?"

키가 크고 호리호리한 김 대리가 커피를 마시다 말고 신입 사원 성수를 쳐다보았다.

김 대리는 며칠째 제대로 깎지 못해 거뭇거뭇한 수염을 문지르며 대답했다.

"요즘 늘 야근이지 뭐. 하하."

"오늘 따님 생일이라고 일찍 퇴근한다고 하시지 않았습니까?"

"아, 그게 말이지."

김 대리는 작업복 점퍼를 입으며 너털웃음을 터트렸다.

"일찍 들어가서 생일을 축하해 주고 싶은 마음은 굴뚝같지만, 잔업이 많아서 그럴 수가 있냔 말이지, 하하하. 걱정해 줘서 고맙군. 회사가 요즘 얼마나 바쁜가? 조선소를 짓는 동시에 배까지 만들어야 하니 말일세. 자네도 우리 조선소가 초대형 선박 제작을 맡게 됐다는 이야기 들었지?"

쉬지 않고 말을 뱉은 김 대리는 성수를 쳐다보았다.

"아, 그 유조선 말씀입니까?"

성수는 주위를 한번 둘러보곤 목소리를 낮춰 말했다.

"지금까지 우리나라에서 만들어진 선박 중 가장 큰 게 2만 톤짜리 아닌가요? 그런데 우리 조선소에서 처음으로 만들어야 할 배가 26만 톤의 초대형 선박이라니! 이게 과연 가능한 일입니까? 26만 톤이면 승용차 17만 대의 무게와 같은데요."

흥분한 성수의 목소리는 어느새 높아져 있었다. 그러자 김 대리는 고개를 설레설레 저으며 신입이라 역시 뭘 모른다는 눈빛으로 쳐다보았다.

"예끼, 이 사람아. 그런 의지로 무얼 한다고. 사람이 마음만 먹으면 뭐든 할 수 있는 거 모르나? 우리나라가 이 가난을 빨리 벗어나려면 중화학 공업에 목숨을 걸어야 한단 말일세. 그 말인즉슨 이 초대형 선박을 제대로 만들 수 있느냐 없느냐는 앞으로 우리나라 경제 성장과도 큰 관련이 있단 말씀이지. 대통령께서도 관심을 두고 지켜보고 있다네."

성수에게 한바탕 말을 쏟아 낸 김 대리는 그길로 물건을 몇 가지 챙겨 사무실을 나갔다.

"마음만 먹으면 무엇이든 할 수 있다라……."

그리고 보니 이 조선소 사람들은 책임감을 넘어 사명감으로 일하는 것 같았다. 조선소 일뿐만 아니라 나라 전체를 생각하면서 말이다. 성수는 문득 자신의 얕은 생각이 부끄럽게 느껴졌다. 가만히 생각해 보면, 여기까지 올 수 있었던 것도 결국 자신의 의지 덕분이었다. 그 의지가 있었기에 불가능해 보였던 어린 시절의 꿈이 이제 드디어 이루어지려 하고 있었다.

밤낮 없는 작업이 이어졌다. 꽃은 어느덧 휘날렸다가 지고, 짙은 녹음의 향기가 나는 여름이 되었다. 조선소는 평소보다 더 바쁘게 돌아갔다. 성수는 작업복을 입고, 튀는 불꽃에 화상을 입지 않도록 가죽으로 된 토시와 장갑을 덧대어 꼈다. 머리에 용접 마스크까지 쓰자 일을 시작하기도 전에 땀이 비 오듯 흘렀다.

성수는 자신의 일터를 바라보며 아이들이 가지고 노는 장난감 블록을 떠올렸다. 이곳에서 성수는 작은 블록들을 용접으로 연결하여 중간 크기의 블록을 만드는 일을 했다. 그러면 다른 기술자들이 중간 크기의 블록들을 모아 하나의 대형 블록을 만들었다. 이런 대형 블록들을 하나씩 쌓아 용접으로 붙여서 거대한 선박을 완성하는 것이다.

"일이 많이 힘들지?"

점심을 대충 먹고 앉아서 쉬고 있는 성수에게 누군가가 다가왔다. 김 대리였다.

"대리님이 더 고생 많으시지요."

"그래도 자네 같은 젊은 사람이 주어진 일을 묵묵히 하는 모습을 보니 참 멋지군."

"감사합니다. 솔직히 처음에는 이게 될까 하고 의심했던 제 자신이 부끄럽습니다. 요즘 눈앞에 배가 한 단계씩 만들어지는 모습을 보니 '진짜 되겠구나' 하는 생각이 들더라고요. 생각해 보면, 이런 도전도 우리나라에서 철을 만들 수 있게 되었기에 가능한 것 같아요."

"그렇지. 지금도 제철소에서 끊임없이 철을 생산해 내고 있으니 말이야. 내가 어릴 적만 해도 전쟁을 겪은 뒤라 우리나라가 참 가난했지. 불과 몇 년 전만 해도 가발이나 섬유를 만드는 경공업이 한창이었고 말이야. 그랬던 우리나라가 어떻게든 기술력을 키워 이제는 초대형 선박을 만들고 있으니 참 꿈같다네."

"네, 참 짧은 시간에 우리나라가 많이 발전했네요."

시간은 속절없이 지나갔고 어느덧 유조선을 납품하기로 한 7월을 한 달 앞두고 있었다. 조선소에는 묘한 분위기가 감돌았다. 어떤 사람들은 초조한 표정을 지었고, 또 어떤 사람들은 자신감에 차 보였다. 사람들은 만날 때마다 인사말 하듯 유조선이 바다에 뜰지 어떨지 묻곤 했다.

"쇳덩어리로 만든 저 거대한 배가 진짜 뜰까요?"

누군가가 초조함을 감추지 못하며 물었다.

"초 치지 말게나! 1년 3개월 동안 불철주야 얼마나 열심히 일했는가! 당연히 뜰 걸세."

"누구보다도 꼼꼼하게 일했잖소. 우리 기술력을 믿읍시다!"

사람들은 서로 응원하면서 마음을 다잡았다.

성수 역시 사람들에게 자신이 튼튼하게 용접한 배이니 당연히 뜰 거라며 큰소리쳤지만 속으로는 조금 불안했다. 긴장된 분위기 속에서 결국 그날이 오고야 말았다.

1974년 6월 28일, 작년 3월부터 시작해 1년이 넘게 걸린 초대형 유조선이 드디어 완성된 날이었다. 이날 유조선에 이름을 붙이는 명명식과, 배를 처음으로 물에 띄우는 진수식이 있을 예정이었다. 조선소의 수많은 사원이 배 주위를 둘러쌌다. 그리고 대통령과 영부인, 정부의 여러 부서에서 일하는 중요한 사람들과 일반 시민들이 가득 모였다.

모두 잔뜩 긴장한 얼굴이었다. 초대형 배가 제발 뜨기만을 간절히 바라는 사람들의 열기가 초여름을 더욱 뜨겁게 달구었다.

"오늘 명명식은 중화학 공업의 발전을 기약하는 선언이자 도약하는 국력의 상징입니다."

대통령이 명명식과 진수식의 시작을 알렸다. 사원들은 자신들이 만든 이 배에 어떤 이름이 붙을지 궁금했다.

초대형 유조선에는 퍼시픽 퀸(Pacific Queen)이라는 이름이 붙여졌다. 태평양을 가로지르는 당당한 여왕의 모습을 상상하니 자신이 참여해 만든 이 유조선과 너무나 잘 어울려 성수는 행복했다.

곧이어 영부인이 금도끼로 진수식 테이프를 끊자 뱃고동 소리가 힘차게 울려 퍼졌다. 사원들은 진수식 성공의 염원을 담아 하늘에 수많은 비둘기와 풍선을 날려 보내며 기쁨을 나누었다.

장내의 환호도 잠시, 이내 선박이 세워진 곳에 물이 채워지기 시작했다. 성수는 살면서 그 순간만큼 긴장한 적이 없었다. 입안이 바짝 말라 침만 간신히 삼켰다.

구경하러 온 사람들은 저 거대한 무쇠 덩이가 과연 뜰지 반신반의하며 현장을 지켜보았다. 성수 또한 지난 1년 3개월 동안 쏟아부은 자신의 노력이 물거품이 되지 않길 속으로 간절히 기도했다.

그 순간이었다.

"떠, 떴다!"

누군가의 목소리가 장내를 가득 채웠다.

"와!"

성수는 사람들의 함성에 귀가 멍해졌다. 모두 환호하며 손뼉을 쳤다. 초대형 유조선이 물에 뜨자 사람들이 가슴속에 품은 경제 성장에 대한 희망도 두둥실 피어올랐다.

불가능해 보였던 자신의 꿈이 이루어진 것처럼, 돈도 기술도 없었던 대한민국이 초대형 선박을 만들어 바다에 띄운 것이 마냥 기적 같았다. 앞으로 들어올 주문들로 조선소가 더욱더 바빠질 생각에 잠시 정신이 아득해지긴 했지만, 성수는 자신의 꿈을 이룬 이 순간이 너무 행복해 눈물이 났다.

'이제 우리가 만든 배는 바다로 나아갈 것이다!'

넓은 바다를 맘껏 누비며 필요한 곳에 석유를 실어 나르는 퍼시픽 퀸의 모습을 떠올리며 성수는 마음속으로 응원을 보냈다.

무거운 물건을 만들어요
: 우리나라 중화학 공업의 발달

• 더 큰 이익을 낼 수 있는 산업은?

1970년대가 되자 우리나라는 곳곳에 고속도로, 철도, 항만, 발전소 등을 추가로 건설하며 본격적인 경제 성장을 준비했어요. 1960년대 경공업의 발달로 섬유, 가발, 합판 등을 해외에 수출하여 외화를 벌어들였지만, 아직도 우리나라에는 곳곳에 가난이 남아 있었지요. 따라서 경공업보다 더 큰 이익을 낼 수 있는 중화학 공업으로 발전해야 했어요.

중화학 공업이란 중공업과 화학 공업을 함께 이르는 말이에요. 철강, 배 등 무게가 많이 나가는 물건을 생산하는 산업이 중공업이고, 고무 제품, 플라스틱 등을 생산하는 산업이 화학 공업이지요.

3차 경제 개발 5개년 계획(1972~1976년)에 따라 정부는 중화학 공업을 발전시켜 1981년도까지 수출 100억 달러와 1인 소득 1,000달러를 이뤄 내자는 목표를 세웠어요. 이에 철강, 화학, 기계, 조선 등의 산업을 중심으로 중화학 공업을 키워 나갔고, 전국에 공업 고등학교를 세워 우수한 기술자를 길러 내었어요.

• 우리나라 중화학 공업의 시작

1972년에는 울산에 석유 화학 단지가 만들어졌고, 1973년에는 철강을 만드는 포항 종합 제철소의 용광로가 완성되며 우리나라 중화학 공업의 시작을 알렸어요. 석유 화학 산업과 철강 산업이 발달하자 선박과

　자동차 등도 직접 만들어 내게 되었고, 곧 외국으로 수출하기 시작했어요. 그때부터 우리나라는 배를 만드는 조선업과 철강 산업 분야에서 그 명성을 세계에 떨치고 있답니다.

　이러한 노력 덕분에 1970년대의 중화학 공업은 크게 성공을 거두며 1981년까지 달성하기로 한 수출 100억 달러의 목표는 그보다 훨씬 이른 1977년에 이뤘어요. 국민 소득은 빠르게 높아졌고, 사람들의 생활 수준은 이전과 비교할 수 없을 만큼 풍요로워졌지요. 1961년에 82달러에 불과했던 1인당 국민 소득은 1979년에 1,636달러로 20배가 불어났으며 연평균 성장률은 9.3%를 기록했답니다. 이러한 1960~1970년대 한국 경제의 고도성장을 '한강의 기적'이라 불러요.

미국이 세계 경제의 중심이 된 이유

1783년에 독립 전쟁이 끝난 이후부터 1800년대 초까지 미국은 산업을 발전시킬 기술이 없었어요. 그래서 선진국인 영국, 독일, 네덜란드의 기술자들에게 하나하나 배우며 기술력을 높였지요. 게다가 미국은 철광석, 석유, 천연가스 등의 지하자원도 풍부해 산업을 발달시킬 수 있는 잠재력이 컸어요. 이후 운하가 뚫리고 철도가 놓이면서 사람과 물자를 실어 나르기 쉬워졌어요. 이에 따라 미국의 중화학 공업과 경제는 더욱 빠르게 성장할 수 있었지요.

• 앤드루 카네기
미국 산업의 새로운 기술 개발을 이끈 인물로 강철왕이라 불리는 앤드루 카네기(1835~1919)가 있어요. 철강 회사를 세워 저렴하고 품질 좋은 강철을 만들어 낸 앤드루 카네기 덕분에 미국은 철강을 대량 생산할 수 있었어요. 따라서 미국의 뉴욕 같은 대도시에는 전에 없던 고층 건물이 들어서기 시작했답니다.

• 존 데이비슨 록펠러
강철 산업에 카네기가 있다면 석유 산업에는 석유왕이라 불리는 존 데이비슨 록펠러(1839~1937)가 있어요. 록펠러는 석유를 정제하여 휘발유, 등유, 경유 등으로 만들어 내는 회사를 세우고, 다른 정유 회사들을 차례로 인수하거나 경쟁에서 밀어내 커다란 기업을 세웠어요. 록펠러는 가격이 싸면서도 품질이 좋은 기름을 소비자들에게 제공하며 석유 산업의 눈부신 발전을 이끌었어요.

카네기와 록펠러 등 여러 인물의 혁신과 노력 덕분에 19세기 후반에 세계 경제의 중심은 영국에서 미국으로 옮겨 갔어요. 미국은 1800년대 초만 하더라도 기술이 부족한 이민자의 나라였지만, 이후 자체적으로 혁신 기술을 개발하며 제2차 산업 혁명을 주도하는 국가로 성장하였지요. 1960~1970년대 정부가 앞장서서 산업화를 이끌어 낸 우리나라와는 달리, 미국에서는 기업들이 나라 산업의 기반을 닦았답니다.

· 4화 ·
자동차 카드로 쌓아 올린 인기

1980년대

여름 방학을 며칠 앞둔 날이었다. 시끄럽게 우는 매미 소리가 열린 창문으로 비집고 들어왔다. 정훈이는 시계를 보고 또 봤다.
"정훈아, 시계는 왜 자꾸 쳐다보니?"
시계를 쳐다보느라 그렇게 좋아하는 밥도 대충 먹은 정훈이가 걱정스러운지 엄마가 한마디 했다.
"아, 그런 게 있어요. 오전반이면 더 좋을 텐데 오후반일 게 뭐람."
정훈이는 중얼거리며 장난감 자동차 바퀴를 손으로 데굴데굴 굴렸다.
시간은 어느덧 12시 30분을 향해 있었다. 긴바늘이 6을 가리키자마자 정훈이는 벌떡 일어나더니 비닐봉지에 넣어 둘둘 만

것을 가방에 고이 넣고 집을 나섰다.

"다녀오겠습니다."

오후반 수업은 1시부터 시작되기에 정훈이는 발을 동동 구르며 교문이 열리기만을 기다렸다.

철컥하고 교문이 열리자, 오전반 아이들이 봇물 터지듯 쉴 새 없이 빠져나가고, 오후반 아이들이 몰려 들어갔다. 정훈이는 아이들로 가득 찬 복도에서 4학년 15반의 팻말을 찾았다. 교실에 들어가자마자 친구들이 정훈이 주위를 에워싸며 반갑게 맞이했다.

"정훈아, 오늘도 새로운 카드 있어?"

"정훈아, 나도 한 번만 보여 줄 수 있을까?"

"혹시 필요 없는 카드 있으면 나 줘라. 응?"

친구들이 쉴 새 없이 정훈이 주변에서 떠들어 댔다.

때는 1988년. 자동차 회사인 현대, 기아, 대우는 서로 더 좋은 자동차를 만들어 내려고 경쟁했다. 그러면서 자동차 생산량이 늘어나고 수출이 활기를 띠며 1987년에 자동차 수출이 50만 대를 넘어서게 되었다. 국내에서도 점점 자동차를 소유한 사람들이 늘어나기 시작했고, 그와 더불어 우리나라가 독자적인 기술 개발에도 성공하여 자동차 산업이 엄청나게 발전했다.

그즈음 아이들 장난감으로 자동차 카드가 새로 나왔다. 올해

초부터 자동차 카드를 들고 다니는 아이들이 하나둘씩 생기기 시작하더니, 학기가 시작된 3월부터 본격적으로 카드 열풍이 불었다.

정훈이네 반 아이들 대부분은 자동차 카드를 가지고 있었다. 아이들은 용돈이 생기면 문방구로 달려가 자동차 카드를 사 모으기에 바빴다. 그러다 보니 어느새 자동차 카드를 많이 가진 아이가 친구들 사이에서 큰 인기를 누리게 되었다.

"너, 이정훈 알지? 정훈이는 자동차 카드를 1,000장도 넘게 가지고 있대."

실제로 정훈이가 가진 카드는 200장 남짓이었다. 그런데 소문은 입에서 입으로 전해지며 걷잡을 수 없을 만큼 부풀었다. 사실 정훈이는 아이들 사이에서 카드 바람이 불기 전부터 자동차 카드를 모으고 있었다.

어릴 때부터 엄마는 정훈이가 어떤 목표를 이루면 그 보상으로 원하는 것을 사 주었다. 올해 들어 정훈이는 그때마다 자동차 카드를 골랐고, 그렇게 모은 게 지금까지 200장이 넘었다.

정훈이는 반 친구들뿐 아니라 4학년 전체에서도 이름난 자동차 카드 마니아였다. 카드에 관심 있는 아이들 중에 정훈이를 모르는 친구는 드물었다. 4학년 중에서 가장 많은 카드를 가지고 있었기 때문이다.

정훈이는 작년과 달리 자신을 특별하게 대하는 친구들을 보고 처음에는 얼떨떨했다. 하지만 지난 몇 달 동안 누린 인기가 싫지는 않았다. 아니, 오히려 인기를 잃고 싶지 않았다.

"나한테 똑같은 카드가 몇 장 있거든. 이것들은 너희 가져."

정훈이는 친구들에게 잘 보이려고 카드를 나누어 주었다. 카드가 없으면 아무도 자기를 좋아하지 않을 것 같았기 때문이다. 그러다 보니 어느새 자연스럽게 친구를 사귀는 법을 잊어버린 것만 같았다.

정훈이가 내놓은 카드를 받으려고 아이들이 몰려드는 통에 교실은 순간 아수라장이 되었다. 담임 선생님이 나타나자 그제야 모두 제자리로 돌아갔다.

"치, 쟤는 또 저런다니까."

까까머리에 키가 큰 반장 성민이가 못마땅한 듯 혼잣말을 내뱉었다. 자기가 이 반에서 공부도 제일 잘하고 반장까지 맡고 있는데, 정작 친구들에게 최고 인기인 아이는 정훈이여서 성민이는 퍽 배가 아팠다.

정신없었던 한 주가 빠르게 지나고 토요일이 왔다. 정훈이는 학교에 도착하자마자 내일 엄마와 함께 카드 사러 가기로 한 약속이 떠올랐다. 수학 시험에서 100점을 맞은 보상이었다. 어떤 자동차 카드를 얻게 될지 상상하니 기분이 구름처럼 두둥실 떠오르는 것 같았다.

쉬는 시간 종이 울리자마자 정훈이 뒤에서 낮은 목소리가 들려왔다.

"야, 이정훈."

평소에 그렇게 친하지도 않은 반장 성민이가 갑자기 정훈이에게 다가왔다.

"네가 4학년 중에 자동차 카드가 가장 많다며?"

그날도 정훈이 근처에는 카드를 구경하러 온 남자아이들로 발 디딜 틈이 없었다.

"아……, 너도 보고 싶어서 온 거니?"

정훈이는 자랑스럽게 웃으며 주머니 속에서 카드를 꺼내려고 했다.

"그런데 말이야, 카드가 아무리 많으면 뭐 하냐? 좋은 카드는 하나도 없으면서."

성민이는 정훈이 눈앞에 카드 한 장을 내놓았다. 1978년 현대에서 출시한 은색 그라나다 자동차 카드였다. 정훈이는 그게 얼마나 희귀한 카드인지 단번에 알아볼 수 있었다. 아이들의 눈이

동시에 성민이의 카드에 몰렸다. 한 번도 본 적 없는 카드의 등장에 교실이 술렁이기 시작했다. 정훈이는 단단해 보였던 자신의 인기에 금이 가는 기분을 느꼈다.

"뭐? 좋은 카드?"

흥분해서 떠들어 대는 아이들 사이에서 정훈이는 성민이와 눈이 마주쳤다. 성민이의 입은 웃고 있었지만 눈은 정훈이를 매섭게 바라보고 있었다.

"카드만 많으면 뭐 하냐고. 별이 많아야지."

카드에는 자동차의 사진뿐만 아니라 출시된 연도와 가격, 생산량 같은 것들이 적혀 있었고, 그 성능이나 가치에 따라 카드에 찍힌 별의 개수가 달라졌다.

정훈이가 가진 카드는 주로 별 5개짜리였는데 성민이의 은색 그라나다 카드에는 별이 7개나 찍혀 있었다. 성민이는 아무 말 못 하는 정훈이를 향해 팔랑팔랑 신나게 카드를 흔들며 자리로 돌아갔다.

정훈이 주변의 아이들이 갑자기 썰물처럼 빠져나갔다. 고개를 들어 보니 모두 성민이한테 가서 카드 한번 보여 달라며 아우성을 치고 있었다. 순식간에 친구들 태도가 확 바뀌는 걸 보고 정훈이는 기가 막혔다.

그날 남은 수업이 어떻게 지나갔는지 기억이 나질 않았다. 정훈이는 얼굴이 흙빛이 되어 집으로 돌아왔다. 정훈이 머릿속에 성민이의 그라나다 자동차 카드가 빙글빙글 맴돌았다. 정훈이는 이 치욕을 꼭 되갚아 주고 싶었다.

그날 저녁, 가족들은 모두 뒤가 볼록 튀어나온 텔레비전 앞에 모였다. 아빠, 성수가 다이얼을 돌려 채널을 바꿨다. 3년 전, 아빠가 큰마음 먹고 금성사에서 산 컬러텔레비전이었다. 정훈이가 자동차 다음으로 좋아하는 것이 텔레비전이었다.

정훈이는 학교에서 있었던 일을 잊고 싶어서 텔레비전에 무엇이 나오나 쳐다보았다. 정훈이의 부모님이 젊었던 시절만 해도 마을에서 가장 잘사는 사람만 텔레비전을 살 수 있었다는데, 이제는 텔레비전을 가진 집들이 꽤 많다. 정훈이는 20여 년 동안 세월이 참 많이 변했다고 생각했다. 정훈이가 태어났을 때 샀다는 흑백텔레비전은 이제는 고물이 되어 방 한편을 차지하고 있었다.

텔레비전에서는 마침 '88 서울 올림픽'에 맞춘 광고가 나오고 있었다. 올림픽 마스코트인 호돌이가 오륜기를 목에 걸고 등장하는 소시지 광고가 나오더니, 곧이어 화면은 현대 쏘나타 광고로 바뀌었다.

"쏘나타가 88 서울 올림픽 때 성화 봉송 지원 차량으로 쓰인다고 하네."

아빠가 광고를 보며 이야기하자 엄마가 흐뭇하게 미소 지으며 말했다.

"손기정 선수와 임춘애 선수가 성화 봉송을 한다면서요? 가을에 열릴 88 서울 올림픽이 참 기대돼요. 그나저나 불과 40여 년 전만 하더라도 전쟁과 가난으로 힘들어했던 우리나라가 이제 올림픽을 개최할 정도로 발전했다니 정말 자랑스러워요."

정훈이는 텔레비전을 보면 카드 생각이 안 날 줄 알았는데, 자동차 광고를 보자 낮에 있었던 일이 다시 떠올랐다. 엄마 아빠의 대화는 정훈이의 귀에 담기지 못하고 줄줄 새어 나갔고, 성민이의 차가운 눈빛과 별 7개짜리 그라나다 자동차 카드만이 머릿속에 맴돌았다.

카드를 사러 가기로 한 일요일이 되었다.

정훈이는 아침마다 일찍 일어나 아빠 구두를 닦고, 엄마 아빠의 흰 머리카락을 뽑아 조금씩 용돈을 벌었다. 엄마가 카드를 사 주겠다고 약속했지만 정훈이는 용돈까지 보태 카드를 더 많이 사곤 했다. 그래야 희귀한 카드를 뽑을 가능성이 높아지기 때문이었다.

점심을 먹고 한숨 돌릴 새도 없이 정훈이는 엄마를 졸라 동네에서 가장 큰 문방구로 바로 달려갔다. 자동차 카드는 그 인기를 증명이라도 하듯 문방구 한가운데에 진열되어 있었다. 정훈이는 떨리는 손으로 신중하게 자동차 카드 4팩을 골라 집으로 돌아왔다.

월요일은 아이들이 고대하던 여름 방학식이었다. 뜨거운 햇빛이 창문 사이로 교실 가득 내리쬐었다. 아이들의 얼굴이 땀에 젖어 번들거렸다. 아이들은 더위에도 아랑곳하지 않고 삼삼오오 모여 공기놀이를 하거나 카드 이야기에 열을 올렸다. 성민이 주위에도 아이들이 모여 있었다. 정훈이가 교실에 들어서자 그중 몇 명이 정훈이에게 다가왔다.

"정훈아, 또 새로운 카드 있어?"

정훈이는 곧장 의기양양하게 성민이 앞으로 다가갔다. 그러고는 말없이 카드 한 장을 꺼내 성민이 앞에 흔들었다.

1986년에 현대에서 출시된 그랜저 자동차 카드였다. 아이들은 처음 보는 희귀한 카드에 입을 쩍 벌렸다. 카드에는 88 서울 올림픽 공식 의전용 차량이라는 설명과 함께 별이 무려 8개나 찍혀 있었다.

"자, 봤지? 이제 까불지 마라."

별의 개수를 본 성민이의 얼굴이 붉으락푸르락했다.

여름 방학을 건강히 보내라는 선생님의 말씀을 끝으로 아이들이 환호성을 지르며 교실을 빠르게 빠져나갔다. 정훈이는 집에 가기 전 문득 고개를 돌려 교실을 둘러보았다. 성민이 주위로 아이들 몇 명이 둘러싸고 있었다. 아이들은 성민이에게 무어라 말하더니 휙 교실을 나가 버렸다.

정훈이는 성민이를 흘끗 쳐다보았다. 성민이는 혼자 엎드려 있었다. 어깨를 들썩이는 모습이 혹시 울고 있는 건 아닌지 신경이 쓰였다.

'혹시 나 때문에 우는 건가?'

정훈이는 성민이가 속상해서 울고 있다는 걸 눈치챘지만, 왠지 성민이에게 먼저 다가갈 수 없었다.

'치, 먼저 카드로 승부를 걸어 온 건 성민이다, 뭐.'

정훈이는 마음이 찔려서 마치 큰 잘못을 저지른 사람처럼 교실을 허겁지겁 빠져나왔다.

여름 방학 동안 정훈이는 방학 숙제인 〈탐구 생활〉과 일기 쓰기도 성실히 하고, 좋아하는 자동차 모형을 만들기도 하며 시간을 보냈다. 9월에 개최될 88 서울 올림픽에 참가하는 세계 여러 나라의 국기를 그려 오라는 숙제도 열심히 했다. 프랑스, 인도네시아, 일본처럼 단순한 국기는 그리기가 쉬웠는데 멕시코, 사우디아라비아 국기는 복잡해서 1시간이 넘게 걸렸다. 방학 동안 정훈이는 친구들과 곤충을 잡으러 가기도 하고, 가족들과 냇가에 물놀이를 하러 가기도 했다.

원 없이 놀고 신나는 일들로 꽉꽉 채운 한 달이었다. 하지만 정훈이의 마음 한쪽에는 여름 방학식 날 엎드려 울던 성민이의 모습이 도장처럼 찍혀 지워지지 않았다.

'성민이 집에 가 볼까?'

성민이는 정훈이 집 근처에 살았다. 하지만 그때마다 마음은 자꾸만 약해졌고, 먼저 약을 올린 건 성민이라는 모난 마음이 들어 발길을 돌렸다.

드디어 개학 날이 왔다. 여름 방학 동안 새카맣게 탄 아이들이 한층 더 개구쟁이 같은 모습으로 교실에 나타났다.

정훈이는 방학 동안 키가 1센티미터나 자랐다. 정훈이는 의자에 앉자마자 눈으로 성민이를 찾았다. 다행히 성민이는 친구들과 이야기하며 웃고 있었다. 아이들은 올림픽 이야기로 들떠 있었다. 누구는 레슬링의 김영남 선수를, 누구는 복싱의 김광선 선수를 응원한다는 이야기가 들려왔다. 양궁에 관심을 보이는 여자아이들도 있었다.

88 서울 올림픽 덕분에 아이도 어른도 기분 좋게 들뜨는 날들이 이어졌다.

개막식이 열리자, 아이들은 굴렁쇠 소년에 대해 이야기하고 함께 '손에 손잡고' 노래를 열창하며 교실을 흥겨운 소리로 가득 채웠다. 올림픽 열기에 자동차 카드의 인기는 주춤했지만 여전히 정훈이는 아이들 사이에서 인기가 많았다. 하지만 한편으로는 늘 성민이가 신경이 쓰였다.

"아이고, 저 키 크고 힘센 선수들을 어떻게 이길까?"

방에서 숙제를 끝마친 정훈이가 거실로 나가자 엄마 아빠가 텔레비전을 보며 이야기하고 있었다.

"무슨 경기예요?"

"응, 핸드볼 경기인데 지금 결선 리그 마지막 경기야. 이 경기에서 이기는 팀이 금메달을 딴다고 하네."

정훈이의 눈에 소련의 키 큰 금발 선수들이 보였다. 정훈이는 처음 보는 핸드볼 경기에 별 흥미가 없었다. 요즘 푹 빠져 있는 야구도 아니었기에 그냥 방으로 들어가려 했다. 그런데 'KOREA'라고 적힌 빨간 유니폼을 입고 열정적으로 뛰는 선수들을 보자 눈을 뗄 수 없었다. 핸드볼이 어떤 스포츠인지 궁금해진 정훈이는 결국 텔레비전 앞에 앉아 경기를 보게 되었다.

경기 후반전, 16 대 13으로 대한민국이 앞서 나가고 있었다. 잘하면 금메달을 딸 수 있겠다는 희망이 풍선처럼 부풀어 올랐다. 그런데 그 상황에서 대한민국 선수가 파울을 하여 15분을 남기고 퇴장당하고 말았다. 정훈이는 안타까워서 그저 발만 동동 굴렀다.

"이 중요한 순간에 2분 퇴장이라니! 이러다 지면……."

그런데 그 순간 정훈이의 눈에 퇴장당한 선수를 다독이는 다른 선수의 모습이 들어왔다. 하지만 퇴장의 영향이 컸는지 결국 우리나라는 소련에 역전당하고 말았다.

경기 후반이라 모두 많이 지치고 점수가 역전됐는데도 우리나라 핸드볼 선수들은 서로를 응원하며 경기를 이어 나갔다. 절망스러운 상황에서도 웃음을 잃지 않고 하이 파이브를 하는 선수들을 보며 정훈이는 선수들의 하나가 된 마음과 끈끈한 우정을 보았다. 힘내라는 뜨거운 응원이 관중석에서 쏟아졌다.

정훈이는 방학 전, 교실에서 있었던 일들이 생각났다. 카드로 친구들의 마음을 사려 했던 자신의 모습이 떠올라 부끄러워졌다. 그리고 자기 때문에 상처받아 울었던 성민이의 모습도 떠올랐다.

"여자 핸드볼 대표팀이 대한민국 역사상 구기 종목 처음으로 금메달을 차지했습니다!"

텔레비전에서 기쁨과 흥분에 찬 아나운서의 목소리가 흘러나왔다.

정훈이는 선수들이 서로를 얼싸안고 기쁨의 눈물을 흘리는 것을 보자 가슴이 찡했다. 서로를 다독이고 응원하며 마음과 마음이 하나가 되는 것, 그게 진짜 우정이구나 싶었다.

"진짜 다 필요 없어?"

친구들이 조심스레 물었다. 정훈이는 이제 카드가 필요 없다며 친구들에게 선물로 나누어 주었다.

"카드가 아니라도 마음은 통하니까."

알 수 없는 말을 남기는 정훈이와 새 카드가 생겨 신난 친구들을 성민이가 물끄러미 바라보았다.

정훈이는 머리를 긁적이며 성민이에게 다가갔다.

"뭐, 뭐야?"

당황한 성민이의 얼굴이 붉어졌다. 정훈이는 성민이 책상 위에 가장 아끼던 현대 그랜저 자동차 카드를 올려놓았다.

"이건 네 선물. 그리고 너무 늦었지만 방학식 때 까불지 말라고 말한 거 사과할게. 정말 미안했다."

"아……."

성민이는 잠시 고민하더니 양손을 쓱쓱 비비고는 한 손을 정훈이에게 내밀었다.

"고마워. 그리고 사실 내가 먼저 시작했잖아. 나도 정말 미안했어."

정훈이는 성민이가 내민 손을 잡았다. 둘은 서로 마주 보며 밝게 웃었다.

정부의 지원으로 성장한 전자 통신 산업

• **경제 성장을 이끈 전자 산업**

1980년, 석유 가격이 엄청나게 오르고 물가가 상승하는 등 여러 가지 문제가 한꺼번에 터지면서 나라 경제가 나빠졌어요. 하지만 경제를 살리기 위한 정부의 여러 정책 덕분에 나라 경제는 다시 안정을 찾기 시작했지요. 그리고 정부는 중화학 공업 다음으로 우리나라의 경제 성장을 이끌 새로운 산업을 지원하기 시작했어요. 그것은 바로 전자 산업이에요.

1966년, 우리나라 최초의 흑백텔레비전이 금성사(지금의 LG전자)에서 나왔어요. 당시의 텔레비전은 부유한 집만 살 수 있을 정도로 비쌌어요.

1970년대가 되자 점점 텔레비전을 가진 집이 많아졌어요. 이후 컬러텔레비전이 등장했지만 과소비를 부추긴다는 이유로 국내에서는 판매가 금지되었어요. 그래서 국내 기업은 컬러텔레비전을 해외에 수출하였답니다.

이후 국내 컬러텔레비전의 판매 금지가 풀리며 1980년 12월 1일, 국내에서도 KBS에서 첫 컬러 방송이 시작되었어요. 컬러텔레비전은 나온 지 1년 만에 100만 대가 판매되는 엄청난 기록을 세웠어요.

최초의 흑백텔레비전
(사진 제공 : 대한민국역사박물관)

당시 컬러텔레비전 시장을 이끌던 금성사와 삼성전자는 1980년을 전후로 3~4년 동안 경쟁하며 컬러텔레비전의 신모델 개발에 큰 힘을 쏟았어요. 그 덕분에 텔레비전의 기능과 디자인은 더욱 발전하게 되었지요.

텔레비전의 발전 덕분에 우리나라 전자 산업이 크게 성장했어요. 이후 텔레비전을 포함한 우리나라 전자 제품들은 그동안 큰 인기를 누렸던 일본의 제품들을 밀어내고 세계 전자 제품 시장을 차지하기도 했답니다.

• 반도체와 전자 교환기

반도체를 빼놓고 전자 산업을 이야기할 수 없겠죠? 모든 전자 제품에 들어가는 반도체는 그만큼 아주 중요해요. 1983년, 삼성은 연구에 들어간 지 약 6개월 만에 당시 컴퓨터에 쓰였던 반도체 64K D램의 개발과 생산에 성공했어요. 따라서 한국은 미국과 일본에 이어 세계에서 3번째로 반도체를 만든 나라가 되었어요. 현재까지도 삼성전자와 SK하이닉스의 메모리 반도체는 세계에서 손꼽힐 정도로 우수하답니다.

한편 1980년대에는 통신 산업에서도 국가적으로 큰 프로젝트가 진행됐어요. 당시에는 해외에서 들여오는 전자 교환기가 비싸 국내에 전자 교환기가 많이 없었어요. 그 때문에 전화를 새로 놓기도 어렵고, 전화선을 연결하는 것도 힘들었어요. 이에 정부에서는 전자 교환기 개발에 힘썼고 결국 1986년, 한국은 4년 만에 세계에서 7번째로 전자 교환기 기술 개발에 성공했어요. 그 결과 전화를 신청하면 하루 만에 개통할 수 있게 되었지요.

국내 최초 64K D램!

전 세계를 누비는 우리나라 자동차

· 우리나라에 찾아온 경제 위기

1970년대에 철강, 석유 화학, 조선 등 중화학 공업이 발전하면서 마침내 우리나라는 1977년에 수출 100억 달러 목표를 달성했어요. 이처럼 우리나라의 경제는 꽃길만 걸을 것처럼 밝아 보였어요. 하지만 안타깝게도 그 행복은 오래가지 않았죠. 1979년부터 1980년 사이, 전 세계적으로 석유 가격이 급등하면서 우리나라의 석유 수입량이 크게 줄었어요. 그 결과 국내 석유 가격이 세 배나 오르고, 경제 위기가 찾아오고 말았답니다.

나라 안 사정도 좋지 않았어요. 1970년대에는 정부가 집중적으로 지원해 주는 중화학 공업에 뛰어든 기업들이 많았어요. 그러다 보니 옷, 설탕, 비누 같은 생필품을 생산하는 기업이 적어 사람들은 일상생활에 필요한 물건들을 구하기 어려웠어요. 엎친 데 덮친 격으로, 1980년에 기록적인 대흉년이 들어 쌀 생산량이 약 36%나 줄었어요. 그 결과 우리나라의 경제는 바람 앞의 등불처럼 위태로운 상황에 처하게 되었답니다.

· 정부의 경제 안정 정책과 자동차 산업

경제 위기를 극복하기 위해 사람들은 물건을 아껴 쓰고 절약하였어요. 하지만 그것만으로는 위기를 헤쳐 나갈 수 없었지요. 고민 끝에 정부는 성장보다 경제를 안정시킬 정책을 펼치기로 했어요. 부실 기업은 정리하고 건실한 기업은 잘하는 산업에 집중할 수 있도록 정책을 시행한 거예요.

이러한 정책은 자동차 산업에도 큰 영향을 끼쳤어요. 한 기업에서 여러 종류의 자동차를 생산하는 대신 승용차는 현대와 새한(현 한국GM)이, 버스나 트럭과 같은 화물차는 기아가 생산했어요.

이런 노력 끝에 우리나라는 다시 한 번 위기를 넘겨 경제가 안정되었지요. 1985년에는 국내 자동차 등록 수가 100만 대를 넘어서 '마이카(My Car) 시대'를 맞았어요. 자동차 기업들은 계속해서 투자하고 개발해서 자동차의 성능을 더 좋게 만들었어요. 그 덕에 우리나라 자동차는 국내 시장뿐 아니라 해외에서도 불티나게 팔리게 되었답니다.

1985년, 현대자동차는 캐나다에서 일본을 제치고 수입차 판매 1위를 차지했고, 이듬해인 1986년에는 소형 세단 '엑셀'이 미국 10대 상품 중 하나로 선정되기도 했답니다.

자동차 산업의 발달과 함께 1986년, 우리나라는 마침내 국제 무역수지 흑자를 기록해요. 이는 수출이 수입보다 많아 큰돈을 벌었다는 뜻이에요.

경제 위기를 이겨 낸 우리나라는 이후 3년간 평균 10%에 이르는 세계 최고의 성장률을 기록하며 발전했어요. 그리고 이러한 성장을 바탕으로 1988년 서울 올림픽도 성공적으로 치를 수 있었답니다.

· 5화 ·
게임만 해서 뭐 먹고살래?

2000년대

쿵!

졸다가 책상에 얼굴을 부딪쳤다. 얼굴이 얼얼했지만 오래 아파할 시간이 없다. 선생님이 소리를 듣고 내 쪽으로 걸어왔기 때문이다.

"부모님은 너 공부시킨다고 열심히 일하시는데 지훈이, 너는 졸고 있으면 되겠니?"

수업 시간에 졸지 말자고 그렇게 다짐했건만 오늘도 나는 어김없이 졸음에 패배하고 말았다.

선생님 말씀처럼 부모님은 우리 삼 형제를 키우느라 한시도 쉬지 않고 일했다. 형들이 대학에 진학한 뒤에는 등록금을 마련하느라 더욱 힘겹게 일했다. 등골이 빠지도록 말이다. 어쩌다 이렇게 된 걸까?

어렴풋한 기억이지만 어린 시절 우리 집은 살림이 넉넉했다. 자주는 아니지만 가족여행도 종종 다녔고 특별한 날에는 고급 레스토랑에 가서 축하도 했다. 초등학교 다닐 때, 부모님은 새 학년이 된 걸 축하한다며 나에게 최신 유행의 가방과 필통을 사주기도 했다. 그런데 지금은 아껴 쓰고, 나눠 쓰고, 바꿔 쓰고, 다시 쓰는 '아나바다 운동'에 참여하느라 나는 고등학교 교복까지 형에게서 물려받았다.

중학교에 올라가서 IMF(1997년 경제 위기 때 우리나라가 돈을 빌렸던 국제기구)라는 말을 주변에서 얼핏 들었다. 부끄럽게도 나는 아직 그게 무슨 뜻인 줄 정확히 모른다. 하지만 IMF 이전과 이후, 세상이 달라졌다는 건 어린 나도 느낄 수 있었다.

평소 술을 입에도 대지 않던 아버지가 어느 날부터인가 술에 취해 늦게 들어오기 시작했다. 문틈 사이로 보이는 아버지의 얼굴엔 말로 다 하지 못할 괴로움이 묻어 있었다. 나는 시간이 흐른 뒤, 그 이유를 알게 되었다. IMF 때 많은 이들이 일자리를 잃었지만, 아버지는 월급이 줄었을 뿐 일을 계속할 수 있었다. 하지만 아버지는 동료들이 하나둘씩 직장을 잃을 때마다 깊은 죄책감을 느꼈고, 그 괴로움을 술로 달랬던 것이다.

집에서 우리를 돌보던 어머니도 그 무렵부터 동네 미용실에 나가 일하기 시작했다. 일상생활도 많이 변하였다. 우리 가족은 이전보다 많은 것을 아껴 쓰기 시작했다. 변기 물탱크 안에 벽돌을 넣어 물을 절약하고, 필요한 경우가 아니면 형광등을 끄고 지냈다.

애국자인 아버지는 "우리 가족도 나라에서 실시하는 금 모으기 운동에 동참해야 한다."며 집에 있던 금붙이들을 모두 모아 은행에 가져다주었다.

내 돌 반지도 이때 사라졌다. 아쉬운 마음이 전혀 없었다면 거짓말일 거다. 하지만 당시 나는 아쉬움보다 우리나라 경제에 내 돌 반지가 도움이 되어 영광이라고 생각했다.

늦게까지 힘들게 일하는 것이 어느새 부모님의 일상이 되었다. 하지만 두 분은 오히려 일할 수 있어서 감사하다고 했다. 부모님의 그런 헌신 덕분에 우리 가족의 삶은 조금씩 나아지기 시작했다.

형들이 독립하고 나자, 나 혼자 집에 있는 시간이 늘어났다. 서책을 끼고 살았던 조선 시대 양반처럼 나도 공부를 가까이했다면 어땠을까? 부모님도 그런 나를 자랑스럽게 여겼을 것이다.

하지만 나는 공부와 전혀 맞지 않았다. 책만 펴면 연신 하품밖에 나오지 않았다. 같은 부모님한테서 태어났는데 어찌 이렇게 형들과 다른지 나도 놀라울 따름이다. 공부를 못하니 학교생활이 그리 즐겁지 않았다.

심심하고 지루한 학교생활에 지친 나에게 어느 날, 친구가 동아리에 함께 들어가자고 했다.

"과학 실험 동아리나 역사 동아리 같은 거? 그런 거 안 한다. 학교 공부만 해도 벅찬데 또 무슨 공부를 하니?"

"야, 내가 네 성적을 아는데 그런 동아리를 추천했겠냐? 기가 막힌 동아리를 내가 알아봤지. 이름하여 정보화 동아리!"

코웃음이 절로 터져 나왔다.

"무슨 동아리 이름이 그렇게 이상하냐? 뭔지는 모르겠지만 난 관심 없다."

"넌 텔레비전도 안 보냐? 대통령께서 직접 정보화 시대 선언을 했잖아. 공부를 못하면 이런 거라도 잘해야 앞으로 밥 벌어먹을 수 있다고. 잔말 말고 따라와 봐."

친구의 손을 뿌리칠 수도 있었지만 그러지 않았다. 마음속에서 조그마한 호기심이 일었기 때문이다.

'그래, 도대체 뭐 하는 동아리인지나 보자!'

"여기가 정보화 동아리방이야."

친구가 이를 훤히 드러내고 웃으며 손가락으로 교실 하나를 가리켰다.

"여기는 우리 학교 컴퓨터실이잖아. 여기가 동아리방이라고?"

그때 컴퓨터실에서 기술·가정 선생님이 나오더니 환히 웃으며 큰 소리로 말했다.

"정보화 동아리에 들어온 것을 축하한다. 놀랐니? 동아리 수업 시간에 활동을 시작하면 더 깜짝 놀랄걸? 우리 동아리에서는 게임을 할 거거든."

"네? 뭐, 뭐라고요, 선생님? 학교에서 게임을 한다고요?"

"그래, 우리나라 사람들은 보통 게임을 안 좋게 보지. 하지만 앞으로 게임은 우리나라의 중요 산업으로 성장할 거야. 여기 컴퓨터가 여러분을 환영하고 있으니 정보화 시대에 마음껏 빠져 보도록."

"선생님, 진짜예요? 와! 살면서 처음으로 친구 말을 잘 들은 것 같아요."

동아리 시간은 기대보다 더 좋았다.

얼마 안 가 나는 게임에 푹 빠졌다. 동아리 활동 때문이었냐고? 사실 정보화 동아리에 들어가지 않았어도 결국 게임에 빠졌을 거다. 나만 그런 게 아니라 대부분의 학생들이 게임에 열중했다. 게임을 모르면 학교에서 "간첩 아니냐."는 소리를 들을 정도였다.

우리는 학교에서 공부나 운동 이야기보다 게임 이야기를 더 많이 했다.

"어제 네가 조금만 빨리 움직였어도 우리가 이기는 건데."

"그게 왜 내 탓이냐? 네가 얼마 안 되는 병력으로 상대편 본진에 무리하게 들어가서 진 거지. 내가 이전에 말했지? 너는 지금 그 종족으로 게임을 하면 안 된다. 내 말대로 빨리 주 종족을 바꿔야 한다고."

"무슨 소리! 나랑 오늘 수업 마치고 일대일로 해 보자. 누가 더 잘하는지 한번 겨뤄 보자고. 나한테 이기면 그때 이래라저래라 해라."

학교에 누가 공부 석차만 있다고 했던가. 우리 반에는 공부 석차보다 더 중요한 게 있었다. 바로 게임 석차였다. 물론 공부 잘하는 아이도 친구들 사이에서 인정을 받았지만, 게임 잘하는 아이의 인기는 말도 못 할 만큼 높았다. 게임을 잘하는 친구는 그야말로 스타였고, 반 친구들 사이에서 최고의 인정을 받았다.

정보화 동아리 선생님은 학교 컴퓨터실에서 게임 대회까지 여셨고, 친구와 나는 그 준비를 맡기도 했다. 대회 중 게임이 갑자기 끊기지 않도록 몇 번이나 점검했는지 모른다.

학교에서 친구들과 게임을 할 수 있다니 이 얼마나 짜릿한 일인가? 나는 동아리 시간을 매일매일 손꼽아 기다리게 되었다. 학교 가는 것이 점차 즐거워졌다. 하지만 동아리 선생님처럼 게임을 좋게 생각하는 어른은 드물었다. 특히 우리 아버지는 게임을 몹시 못마땅하게 생각했다.

아버지는 내가 공부는 하지 않고 게임만 한다며 엄하게 꾸짖었고, 내가 왜 게임을 좋아하는지는 전혀 이해하지 못했다.

"지훈이, 너 게임 하다가 걸리기만 해 봐라! 그때는 성한 다리

로 못 걸어 다닐 줄 알아!"

아버지의 무시무시한 경고에도 나는 학교 수업을 마치자마자 평소처럼 친구들과 부리나케 피시방으로 달려갔다. 친구들과 게임하는 시간이 너무나도 즐거웠기 때문이었다.

하지만 꼬리가 길면 잡히는 법. 어느 날 나는 친구들과 게임을 하고 피시방에서 나오던 중 퇴근하고 집으로 향하던 아버지와 딱 마주쳤다.

"회초리 가져와라. 담임 선생님이 요즘 수업 시간에 계속 존다고 하더니만 다 이유가 있었군."

아버지의 표정은 어느새 무섭게 변해 있었다. 나는 벌벌 떨리는 손으로 아버지에게 회초리를 건넸다.

아버지는 분명한 기준이 있는 분이었다. 시험을 못 봤다는 이유로는 절대 회초리를 들지 않았다. 나 또한 야단을 맞을 만한 잘못된 행동을 하지 않았기에 아버지가 회초리를 드는 일은 거의 없었다. 나는 아주 오래간만에 회초리를 맞았다.

종아리가 빨갛게 부어오르고 엄청 따끔거렸다. 손도 못 댈 정도로 아팠다.

그 순간 무슨 용기가 마음속에서 일어났는지 모르겠다. 나도 모르게 입이 움직였다.

"아버지, 말씀 안 들은 건 죄송합니다. 그런데요, 저는 게임할 때 정말 행복해요. 그리고 제 친구 중에 게임 안 하는 애가 없어요. 전교 1등인 친구도 게임을 한다고요."

"이놈이 아직도 정신을 못 차렸구나. 게임만 해서 나중에 뭐가 되려고 그러는 게냐!"

"아버지, 저도 다 생각을 하고 살아요. 대통령이 뉴스에 나와서 한 이야기 못 들으셨어요?"

나는 지난번 친구에게 들었던 이야기를 아버지에게 하였다.

"뭐? 대통령? 대통령이 너보고 게임하라고 하더냐?"

"그게 아니고요. 대통령이 이제 정보화 시대라고 했어요. 교실에 컴퓨터도 설치해 준다고 했고요. 이제 컴퓨터가 정말 중요한 시대가 올 거라고요. 저는 새로운 시대를 대비해서 열심히 준비하는 거고요."

정보화 동아리 이야기도 하고 싶었으나 아버지가 동아리까지 그만두게 할 것 같아 차마 말하지 못했다.

아버지는 기가 찬다는 듯 말했다.

"게임하는 게 그 정보화 시대인가 뭔가에 대비하는 거라고? 말은 참 잘하네."

"아버지, 믿어 주세요. 저는 형들처럼 공부 머리는 없어요. 다른 걸로 성공할 테니 꼭 지켜봐 주세요."

아버지는 한숨을 푹 쉬며 엄하게 말했다.

"딴말하지 말고 게임 그만해라. 다음에 또 걸리기만 해 봐라."

아버지에게 혼난 후 게임을 그만두었냐고? 인간이란 참 이상

한 동물이다. 못 하게 하니 더 하고 싶어지는 게 아닌가? 나는 정신을 못 차리고 아버지 몰래 친구들과 피시방에 가서 계속해서 게임을 했다.

그러던 어느 날, 동아리 친구 하나가 게임 아이템을 돈을 받고 파는 모습을 보게 됐다. '아, 선생님이 말했던 게임 산업이라는 게 이런 걸까?' 하는 생각이 스쳤다. 호기심 반, 따라 해 보고 싶은 마음 반으로 나도 아이템 거래에 손을 댔다. 그런데 적은 돈이었지만 이상하게도 돈을 벌수록 마음 한구석이 찜찜했다. 게임이 돈이라는 생각이 드는 순간, 그렇게 재미있던 게임조차 재미가 없어졌다. 결국 나는 일주일 만에 아이템 거래를 그만두었다. 선생님이 말했던 게임 산업이란, 아마 이런 건 아니었을 것이다.

하루는 한 친구가 프로 게이머들의 경기를 함께 보자고 했다. 친구의 말에 별 기대 없이 텔레비전을 틀어 이 스포츠(e-sports) 경기를 봤다. 화려한 옷을 입은 선수 두 명이 괴상한 의자에 앉아 게임 대결을 하고 있었다. 그리고 경기장을 채운 많은 관중이 그 둘의 경기를 서서 지켜보고 있었다. 게임 대회에는 선수뿐 아니라 경기 해설자도 있었다.

'실제 스포츠 경기도 아니고 사람이 왜 저리 많지? 자기가 직접 게임을 하는 것도 아니고 다른 사람이 하는 게임을 뭐 하러

보는 거람?'

 내 생각이 잘못됐다는 걸 깨닫는 데 그리 오랜 시간이 걸리지 않았다. 예상치 못한 전략으로 경기를 펼치는 선수들의 모습에 절로 감탄이 나왔다. 이건 게임이라기보다 하나의 예술이었다. 그러자 나도 사람들 앞에서 나만의 경기를 보여 주고 싶은 마음이 생겼다. 그날 이후 나는 내 미래에 대해 진지하게 고민하기 시작했다.

 꿈을 펼칠 기회는 생각보다 빨리 찾아왔다. 동아리 게임 대회가 우리 지역에서 열리게 된 것이다.

 "우리 지역에서 게임 대회를 연다고요?"

 "그래. 최근 대한민국 최고의 공과 대학 두 곳이 서로 게임 대결한 거 알고 있니?"

 "네, 카이스트랑 포항공대 얘기죠?"

 "그래. 선생님이 전에도 이야기했지? 게임은 앞으로 하나의 문화이자 산업으로 성장할 거라고. 너희도 게임한다고 괜한 죄책감 느낄 필요 전혀 없다. 우리 동아리도 대회에 참가할까?"

 "선생님, 당연히 참가해야지요!"

 지난번 텔레비전에서 봤던 프로 게이머들의 모습이 생각났다. 나도 그들처럼 사람들 앞에서 멋진 모습을 보여 줄 수 있을까? 그날 저녁, 대회에 나갈 생각에 너무 설레어 잠을 쉽게 이루지 못했다.

다음 날부터 선생님은 동아리 시간 이외에도 동아리원들을 불러 게임의 역사와 게임 전략에 관해 설명해 주었다. 선생님도 우리 못지않게 의욕이 넘쳤다.

우리는 날마다 동아리방에 모여 게임에서 이기기 위한 전략을 고민하고 토론했다. 『삼국지』 속 군사 전략가인 제갈공명이라도 된 듯 친구들은 신나게 자신의 전략을 설명했다. 그렇게 모두가 영웅이 될 꿈을 꾸며 매일매일 열심히 대회 준비를 했다.

어느새 대회 날이 코앞으로 다가왔다. 그러자 잊고 있던 문제가 나를 괴롭혔다. 대회 날이 하필 평일이 아닌 일요일이라는 점이었다.

아버지가 출근하지 않고 쉬는 날이면, 나는 항상 어디 가는지 말하고 외출해야 했다. 평소 같으면 아버지에게 친구 집이나 도서관에 간다고 말하면 되었다. 어차피 피시방에 오랜 시간 머물지 않기 때문에 가능한 거짓말이었다. 하지만 이번은 달랐다. 대회 시간이 얼마나 길어질지 예상하기 어려웠다.

오랜 고민 끝에 아버지에게 이야기를 지어내 말했다.

"아버지, 내일 지석이 집에 놀러 갔다 올게요. 지석이랑 같이 공부도 하고 운동도 할 거예요. 지석이 어머니께서 저녁도 먹고 가라고 해서 조금 늦게 돌아올 것 같아요."

아버지는 나를 쳐다보더니 무심하게 한마디 하셨다.

"그래, 잘 다녀오거라."

성공했다! 나는 속으로 기뻐했다. 이제 게임에만 집중하면 된다. 컨디션을 좋게 유지하기 위해 그날 저녁은 평소보다 일찍 잠자리에 들었다.

다음 날 아침, 동아리원들과 함께 대회장에 입장하였다. 텔레비전에서 봤던 괴상한 의자가 준비되어 있었다.

'설마 프로 게이머들처럼 이상한 옷을 입어야 하는 건 아니겠지?'

다행히 그런 일은 없었다. 경기를 치를 순서를 정한 뒤, 친구들과 함께 차례를 기다렸다. 많은 동아리가 대회에 참가했다. 구경하러 온 사람들도 많았다. 동아리 게임 대회에 이렇게 많은 사람이 모이다니! 새삼 게임의 인기를 실감할 수 있었다.

경기는 생각보다 순조롭게 흘러갔다. 친구들과 나의 게임 실력은 다른 팀에 비해 뛰어났다. 하긴 그렇게 준비를 많이 했는데 다른 팀보다 못하면 억울할 것이다.

대망의 결승전을 앞두고 여유가 생긴 나는 혹시 나를 응원하는 여학생이라도 있나 싶어 관중석을 한번 쳐다보았다.

'헉!'

눈동자가 불안하게 흔들렸다. 관중석에서 아버지와 어머니를 발견했기 때문이다.

'아버지가 어떻게 내가 여기에 있는 걸 아셨지? 이제 집에 돌아

가면 크게 혼날 텐데. 아니야. 그게 문제가 아니다. 이제 앞으로 게임을 못 하게 될 텐데…….'

식은땀이 흘렀다.

그때였다.

'우리 아들, 지훈아 힘내라!'

아버지가 유명 가수의 콘서트에서나 볼 법한 응원 피켓을 머리 위로 치켜들었다.

순간, 눈에서 뜨거운 눈물이 흘러나왔다.

당황한 친구들은 나에게 왜 우냐고 물었다. 나는 아무 말도 하지 않고 아버지와 어머니 쪽으로 허리 숙여 인사했다.

곧이어 결승전 경기가 시작되었다. 우리 팀은 놀라운 성적으로 우승했다. 나와 친구들 못지않게 선생님도 몹시 기뻐했다. 그동안 게임 동아리를 운영한다고 마음고생을 꽤 한 듯했다.

경기장에서 내려와 아버지와 어머니를 만났다. 아버지가 손을 꼭 잡아 주어서 그런지 또 눈물이 났다. 처음으로 아버지에게 인정받은 것 같았다.

"아버지, 어떻게 알고 오셨어요?"

"네가 칠칠찮게 책상에 대회 포스터를 올려 두지 않았느냐? 그걸 네 어머니가 보더니 우리도 대회에 가 보자고 하더라고. 지훈아, 그동안 고생 많았다."

"아버지, 그러면 게임을…… 계속해도 되나요?"

"뭐, 자식 이기는 부모가 어디 있겠냐? 네 말대로 이제 게임도 하나의 산업인 걸 여기 와 보니 알겠구나. 단, 학업은 소홀히 하지 말거라."

"네, 아버지. 이제 공부도 열심히 할게요. 믿어 주셔서 고맙습니다."

오래간만에 아버지와 어머니의 손을 잡고 경기장 밖으로 나갔다. 마음에 작은 태양이 뜬 기분이었다.

세상에 이런 일이
: 서비스업의 발달

• 서비스업이 필요한 이유

　서비스는 왜 필요할까요? 누구나 혼자서 모든 일을 할 수는 없기 때문이에요. 어떤 일을 직접 하려면 시간과 노력이 많이 들어요. 그래서 사람들은 그 시간을 아끼려고 돈을 주고 다른 사람의 서비스를 받는답니다. 예를 들어 볼까요?

　지저분하게 자란 머리카락을 정리하고 싶을 때, 우리는 집에서 머리카락을 직접 자르지 않고 미용실에 가요. 몸이 아프면 집에서 혼자 끙끙 앓지 않고 병원에 가서 의사 선생님께 진료를 받지요. 과일을 먹고 싶을 때는 과수원까지 가지 않아요. 동네 가게에서 쉽게 과일을 구할 수 있으니까요. 고장 난 물건도 직접 고칠 필요가 없어요. 전문가에게 부탁하면 빠르게 문제를 해결해 주니까요.

　이처럼 다양한 서비스업 덕분에 오늘날 우리는 편리한 생활을 누릴 수 있어요. 요즘 사람들은 단순히 물건을 사는 것보다 자신에게 잘 맞고 이용하기 편한 서비스를 더 중요하게 생각해요. 그래서 예전에는 농업이나 제조업 같은 산업이 중심 산업이었지만 지금은 서비스업이 더 큰 비중을 차지하고 있어요. 그에 따라 서비스업에서 일하는 사람이 많아졌고, 하는 일의 종류나 규모도 다양해졌답니다.

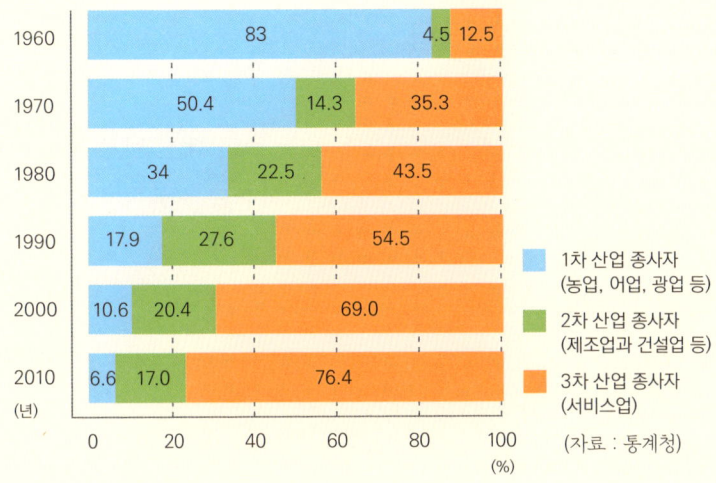

| 우리나라 산업 구조의 변화 |

• **온라인 서비스업의 발달**

요즈음에는 온라인 플랫폼과 OTT(인터넷으로 영상을 제공하는 서비스) 산업이 발달하면서 소비자는 이전보다 더욱 다양한 서비스를 받을 수 있게 되었어요. 넷플릭스나 티빙 같은 OTT 서비스는 시청자들을 위해 영화, 드라마, 예능 등 분야별로 영상 정보를 제공해요. 영상의 줄거리와 인물, 분위기 등을 분석해 시청자가 좋아하는 영상을 쉽게 찾을 수 있도록 도와주기도 하지요.

디지털 장의사도 온라인 세상에서 서비스를 제공해요. 다만 이들이 제공하는 서비스는 앞선 서비스와 성격이 달라요. 이들은 고객의 개인 정보 보호를 위해 고객이 스스로 남긴 기록 외에도 고객과 관련된 거짓 정보나 악성 댓글 같은 것을 모두 지워 준답니다.

• 여러 가지 서비스업

중국에는 '바오샤스'라는 직업이 있어요. 이들은 먹기 불편한 민물 새우나 가재의 껍질을 대신 까 주는 일을 해요. 껍질 까는 시간을 아끼고 싶은 사람이 늘어서예요.

시간이 없어 반려견과 산책하지 못하는 주인 대신 반려견을 산책시켜 주는 서비스도 있어요. 이런 일을 하는 사람들을 반려견 산책 도우미 혹은 도그 워커(dog walker)라고 불러요. 동물을 좋아하는 사람에게는 정말 매력적인 일이겠죠?

어때요? 우리가 편리하게 생활할 수 있도록 돕는 서비스업이 정말 다양하지요? 최근 기계가 사람의 일을 많이 대체하고 있다고는 하지만 세상에는 여전히 다른 사람의 도움이 필요한 일이 많답니다. 위에 말한 서비스업 말고 또 어떠한 서비스업이 있는지 직접 찾아보고, 미래에는 어떠한 산업이나 직업이 인기를 끌지 생각해 보아요.

게임, 취미를 넘어 거대한 산업으로

• 게임은 정말 안 좋을까?

저는 이 이야기의 주인공, 지훈이처럼 게임을 좋아했어요. 하지만 아버지는 공부에 방해된다며 게임을 못 하게 했어요. 어느새 나이가 들고 보니 저도 아버지처럼 게임을 좋지 않게 바라볼 때가 있어요. 스마트폰 게임에 빠져 주위를 제대로 살피지 않는 아이들을 볼 때면 더욱 그렇죠.

하지만 게임이 공부에 부정적이기만 한 것은 아니에요. 공부를 어려워하는 아이들도 학습 게임을 통해 내용을 훨씬 쉽게 이해할 수 있으니까요.

오늘날에는 아이들뿐만 아니라 어른들도 게임을 즐겨요. 다양한 스타일의 게임은 모든 연령층에게 다가갈 수 있는 대중적인 취미로 일찌감치 자리매김했죠. 최근에는 무려 5천만 명의 시청자가 '2024년 리그 오브 레전드 월드 챔피언십 결승전'을 보기 위하여 동시 접속을 하기도 했답니다.

• 거대해진 우리나라의 게임 산업

우리나라의 게임 산업은 꾸준한 성장을 거듭하여 현재 무시할 수 없는 거대 산업이 되었어요. 한국콘텐츠진흥원이 발표한 『2024 대한민국 게임 백서』에 따르면 우리나라는 4년 연속 글로벌 게임 매출 4위를 기록하고 있어요. 총매출액이 무려 22조 원에 이르죠.

리그 오브 레전드 시즌 2 월드 챔피언십 결승전 현장
(사진 출처 : artubr, Wikimedia)

그런데 이쯤에서 궁금해져요. 게임 산업은 사회의 부정적인 시각 속에서 어떻게 살아남아 거대 산업으로 발전할 수 있었던 걸까요?

요즈음과 달리 1990년대 말에는 집집마다 인터넷이 설치되지 않았어요. 그렇다면 게임을 좋아하는 학생들은 어디로 갔을까요? 맞아요. 당시 학생들은 초고속 인터넷 고속망이 보급된 피시방으로 몰려갔어요.

방과 후 많은 학생이 피시방에서 〈스타크래프트〉, 〈포트리스〉, 〈리니지〉 등과 같은 게임을 즐겼어요. 이러한 유행에 힘입어 게임을 하는 직업인 프로 게이머와 게임을 전문적으로 가르쳐 주는 학원까지 생겨났지요. "게임만 해서 나중에 뭐 먹고살려고 그러냐?"라고 하시던 부모님의 걱정과 달리 게임으로 먹고살 일자리가 만들어지기 시작한 거죠.

또한, 우리나라는 빠른 인터넷과 잘 갖춰진 디지털 환경 덕분에 성능이 뛰어난 온라인 게임을 계속 개발할 수 있었어요. 그 과정에서 게임 기획자나 캐릭터 디자이너와 같은 다양한 일자리가 새롭게 생겨났지요.

창의적이고 획기적인 게임들이 계속해서 등장하며 게임 개발과 마케팅에 대한 투자가 늘어났고, 이에 힘입어 우리나라의 게임 산업은 개인

용 컴퓨터(PC), 콘솔(전용 게임기를 통해 즐기는 비디오 게임), 모바일 등 다양한 플랫폼에서 성공을 거두게 되었어요.

　게임 산업은 지금도 기술 개발을 멈추지 않고 있어요. 최근에는 AI가 사람을 대신해 목소리를 녹음하는 것은 물론, 자동 번역, 실시간 그래픽 렌더링, 가상 현실(VR)과 증강 현실(AR), 클라우드 게이밍 등 다양한 혁신 기술이 게임에 활용되고 있답니다.

　앞으로도 끊임없이 새로운 변화를 시도하고 세계 시장에 도전하면서, 우리나라의 게임 산업이 지금처럼 세계를 이끄는 산업으로 계속 성장하길 기대해 봅니다.

· 6화 ·
디지털 캔버스에 그린 세상

2010년대

　어릴 적부터 나는 주목받는 것을 좋아했다. 사람들의 관심을 받으면 이상하게 없던 힘이 생겨나곤 했다. 그런 나에게 아이돌은 완벽한 존재였다. 잘생기고 예쁜 그들의 손짓 하나에 많은 팬이 환호했고 그들의 이야기로 인터넷은 항상 뜨거웠다. 나는 그런 아이돌이 부러웠다. 나도 사람들의 입에 오르내리는 사람이 되고 싶었다. 내 이야기로 세상이 떠들썩하게 말이다.

　하지만 나는 아이돌이 될 수 없었다. 뛰어난 외모도, 노래나 춤에 특별한 재능도 없었기 때문이다. 그래서 나는 다른 재능으로 내 이름을 세상에 널리 알리기로 했다. 어떤 재능이냐고? 그건 바로 그림 그리기다.

어린 시절, 친구가 많지 않았던 나는 혼자 책상에 앉아 그림을 그리곤 했다. 그러면 아이들이 하나둘 몰려와 내 그림을 구경하며 좋아하는 캐릭터를 그려 달라고 했다. 친구가 되고 싶었던 나는 기꺼이 그림을 그려 줬고, 그렇게 친구들이 생겼다. 지금 생각하면 썩 잘 그린 그림은 아니었는데 말이다.

그때 나는 그림으로 다른 사람을 기쁘게 할 수 있다는 걸 처음으로 알게 되었다. 또한 그림은 내 존재를 항상 빛나게 해 주었다. 그림 덕분에 친구와 선생님에게 인정도 받고, 그림을 잘 그린다는 내용의 통지표도 매년 받을 수 있었다.

고등학생이 되어서는 선망의 대상이었던 아이돌을 주인공으로 그림을 그리곤 했다. 여러 컷의 만화로 완성된 내 첫 작품은 주변 친구들에게 큰 인기를 끌었다. 나만큼 아이돌을 좋아하는 친구들이 많았기 때문이다.

친구들은 내가 그린 만화의 다음 이야기를 손꼽아 기다릴 만큼 좋아했다. 친한 친구 몇은 나에게 인터넷에 만화를 올려 보라고도 했다.

"유정아, 내가 요즘 즐겨 보는 웹툰이 있는데 그것보다 네 이야기가 훨씬 재미있어."

"맞아. 웹툰 작가들은 돈도 많이 번대. 요즘 다른 나라 사람들도 우리나라 웹툰을 많이 본다고 하니까. 유정아, 한번 해 봐. 너는 충분히 성공할 수 있을 것 같아."

나는 지금껏 내가 좋아서 그림을 그렸다. 그림으로 돈을 벌어야겠다는 생각은 한 번도 한 적이 없었다. 돈을 벌기 위해 전문적으로 웹툰을 그리기 시작하는 순간, 그림 그리기가 싫어질 것 같아 두려웠기 때문이다.

그렇게 친구들의 말을 흘려듣고 잊으려는 순간, 갑자기 말 한마디가 머릿속을 파고들었다. 정신이 번뜩했다.

'다른 나라 사람들도 우리나라 웹툰을 많이 본다고?'

하긴 최근 우리나라 문화가 전 세계적으로 큰 열풍이긴 하다. 드라마와 영화, 심지어 TV 예능까지 전 세계로 수출되어 인기를 끌고 있다.

우리나라 문화 산업이 이렇게까지 성장한 것은 케이팝(K-pop) 덕분이다. 국내의 팬을 넘어 전 세계적인 팬을 가진 아이돌이 생겨나면서 외국인들이 우리나라 문화에 큰 관심을 가지게 되었다. 그래서 우리나라로 여행도 많이 오고, 인터넷으로 쉽게 접근할 수 있는 웹툰에도 자연스레 관심을 갖게 된 것이다.

'다른 나라 사람들이 내가 만든 이야기를 좋아해 줄까?'

괜한 호기심이 들었다.

'내 작품이 우리나라를 소개하는 데 큰 역할을 한다면?'

평소엔 거의 느껴 본 적 없는 애국심까지 들었다. 왠지 모르게 자신감이 솟았다. 성공할 수 있을 것 같았다.

'그래. 웹툰을 한번 그려 볼까? 세계적으로 유명한 우리나라의

아이돌을 주인공으로 다룬 만화인 만큼 우리나라 사람뿐 아니라 다른 나라 사람들에게도 인기가 있을 거야.'

오랜 고민 끝에 펜을 잡았다. 웹툰을 그리려면 태블릿과 전용 펜이 따로 필요했다. 종이 대신 태블릿에 그리자니 처음에는 무척 어색했다. 하지만 인내심을 가지고 한동안 연습하자 태블릿이 차차 손에 익었다. 나는 이전에 종이에 그려 두었던 이야기를 하나하나 웹툰으로 옮겼다.

"드디어 완성이다! 세계를 흔들 나의 첫 작품!"

막상 내 작품을 인터넷에 올리려니 긴장되었다. 숨을 크게 한번 들이쉬고 웹툰 등록 버튼을 마우스로 꾹 눌렀다. 컴퓨터 화면에 '등록되었습니다.'라는 창이 떴다.

그 순간, 나는 갑자기 자신감을 잃어버렸다. 안 좋은 평가가 달릴까 봐 마음이 불안해졌다. 얼굴도 모르는 사람들의 댓글에 상처 입지 않을까 두려웠다. 그렇게 불안한 마음으로 화면을 바라보던 그때, 드디어 첫 댓글이 달렸다.

"그림이 너무 예뻐요! 이야기도 무척 재미있고요. 다음 편도 기다릴게요."

나의 첫 작품을 보고 좋다는 댓글이 달리다니! 감격스러워 눈물이 났다.

이어지는 사람들의 칭찬 댓글은 나를 춤추게 했다. 간혹 나에

게 상처를 주는 댓글도 달리곤 했지만 괜찮았다. 내 작품을 사랑해 주는 사람이 훨씬 많았으니까.

"내 말 듣길 잘했지? 나중에 성공하면 나 잊지 말아야 한다!"
나에게 웹툰을 그려 보라고 한 친구가 장난스레 말했다.
내가 그린 웹툰이 점차 인기를 얻자, 책상에 앉아 조용히 그림만 그리던 나는 어느새 학교에서 유명해졌다. 처음 만난 사람도 나를 알아보고 인사를 건네었다. 내가 그토록 꿈꾸던 아이돌이 된 것 같은 기분이었다.
이토록 많은 관심을 받는 건 내 평생 처음이었다. 어린 시절, 누군가의 시선을 받으며 주인공이 되고 싶어 했던 그때의 꿈이 지금 눈앞에서 펼쳐지고 있었다. 나는 갑자기 얻게 된 이 인기를 놓치기 싫어졌다. 한순간에 부풀어 오른 인기가 꺼지고 나면 다시 평범한 학생으로 돌아갈 것을 너무 잘 알고 있었기 때문이다.
그런데 이상했다. 유명해지면 행복할 줄 알았는데 행복은커녕 계속 쫓기는 듯한 느낌이 들었다.
나는 계속해서 불안에 시달렸다. 매일같이 인터넷에 접속하여 사람들의 평가를 확인하였다. 점차 작품에 달린 조회 수와 '좋아요' 수에 집착하기 시작했고, 내 것보다 인기가 많은 작품에 질투를 느끼며 열등감에 빠졌다. 그러다 보니 그림 그리는 시간보다 핸드폰으로 사람들의 반응을 확인하는 시간이 더 길어졌다. 순수하게 그림을 좋아하던 나의 모습은 어느샌가 사라지고 없었다.

'내 작품이 잊히기 전에 빨리 다음 작품을 올려야 해.'

조급함이 밀려왔다.

'그런데 작품의 완성도를 높이려면 시간이 오래 걸릴 텐데……. 그러다 다른 웹툰들에 밀려 사람들에게 잊히면 어떻게 하지?'

어떻게든 속도를 내야겠다는 생각이 들었다. 그러다 보니 배경과 캐릭터의 스케치가 단순해지고 채색 또한 꼼꼼하지 않게 되었다. 서둘러 그리다 보니 내용의 흐름마저 점점 엉성해졌다.

나는 그렇게 완성한 새 작품을 처음 나에게 웹툰을 올려 보라고 했던 친구에게 가장 먼저 보여 주었다.

"재미는 있지만 솔직히 이전 작품에 비해 완성도가 많이 떨어지는 것 같아. 이렇게 올려도 괜찮겠어?"

작품의 완성도가 떨어진다는 것은 나 스스로도 잘 알고 있었다. 하지만 친구의 솔직한 평가에 나는 온 세상 앞에서 발가벗겨진 기분이 들었다. 나는 참지 못하고 친구에게 쏘아붙였다.

"네가 뭘 안다고 내 작품을 판단하는 거야? 너, 나보다 그림 잘 그려? 네가 그러고도 친구야?"

"야! 말이 너무 심하잖아."

친구는 상처받은 표정으로 자리를 떴다. 나는 언짢은 마음을 뒤로하고 무엇에 홀린 듯 등록 버튼을 클릭했고, 그렇게 두 번째 작품을 올렸다.

'어? 댓글이 왜 안 달리지?'

첫 번째 작품을 올렸을 때는 몇 분 만에 첫 댓글이 달렸다. 그런데 이번에는 30분이 지나도록 댓글 하나 달리지 않았다.

며칠이 지났다. 그사이 댓글이 몇십 개 달렸다. 첫 작품에는 칭찬하는 댓글이 많았는데, 이번에는 '지난번보다 재미가 없어 실망'이라는 댓글이 대부분이었다. 그렇게 거대한 웹툰 시장에서 내 이름은 모래알 흩어지듯 스르르 사라져 버렸다.

학교에서 나는 평범한 학생으로 되돌아갔다. 이전과 다른 점이 있다면 그림에 대한 의욕을 잃었다는 것이다. 무엇을 어떻게 그려야 할지 도무지 떠오르지 않았다. 자신감이 곤두박질쳤다. 책상 한편을 차지하고 있던 태블릿도 치워 버렸다. 태블릿을 보기만 해도 힘들었던 기억이 떠올랐기 때문이다. 그렇게 나는 점점 작아져만 갔다.

웹툰의 인기로 눈부셨던 여름이 가고, 마음까지 서늘해지는 계절이 찾아왔다. 몇 개월 동안 그렇게 좋아하는 그림도 안 그리고 무기력해진 나를 보며 엄마는 안쓰러워했다.

"유정아, 오늘 엄마랑 데이트 좀 할까?"

"싫어. 나 그냥 집에 있을래."

"오늘 엄마랑 영화도 보고 쇼핑도 하자. 엄마가 영화도 예매해 놨단 말이야. 응?"

엄마가 먼저 놀러 나가자고 하는 일은 잘 없었던지라 나는 조금 망설이다 이내 나설 채비를 했다.

엄마와 간 대형 쇼핑몰에는 아기자기한 소품들이 많았다. 유명 웹툰 작가가 그린 캐릭터 소품들도 있었다. 모른 척하고 싶었지만 이상하게도 그런 것들만 눈에 들어왔다. 그 소품들을 볼 때마다 실패한 내 웹툰이 떠올라 마음이 불편해졌다.

쇼핑을 마친 엄마와 나는 쇼핑몰 맨 꼭대기에 있는 영화관으로 발길을 돌렸다. 제법 쌀쌀한 날씨에도 불구하고 많은 사람이 영화관을 채웠다.

"엄마, 무슨 영화 예매했어?"

"아, 그 유명 아이돌이 출연한 영화 있잖아."

"설마 〈미션 파서블〉?"

나는 눈이 휘둥그레져 엄마를 바라보았다. 〈미션 파서블〉은 내가 제일 좋아하는 아이돌인 PM이 출연한 영화였다. 너무 보고 싶었지만 웹툰이 원작이라서 괜히 보기가 꺼려졌다.

"싫어, 나 안 볼래."

"엄마가 예매까지 했는데 안 보는 건 반칙!"

나는 엄마 손에 이끌려 상영관 안으로 들어갔다.

'웹툰을 원작으로 이렇게 훌륭한 영화가 만들어지다니······.'

기발한 내용과 전혀 예상할 수 없는 전개에 한시도 눈을 뗄 수 없었다.

'그래. 웹툰에서 가장 중요한 건 이야기였어. 나도 이야기를 깊이 있고 탄탄하게 만들었어야 했는데……. 나는 왜 저만큼 상상력이 풍부하지 못했을까?'

그날, 나는 앞으로 나아갈 길을 스스로 정했다. 나는 웹툰을 다시 그리기로 마음먹었다.

그때부터 나는 도서관에 가서 닥치는 대로 다양한 종류의 책을 읽었다. 책이 나의 상상력을 자극하고 영감을 줄 거라고 믿었기 때문이다. 자기 계발, 역사, 판타지, 소설, 심지어 무협지까지 장르를 가리지 않았다. 그리고 책 속의 재미있는 부분은 따로 공책에 필기해 두고 나만의 이야기로 바꾸는 연습도 해 보았다.

습작 노트들이 차곡차곡 쌓여 갈수록 길고 어두웠던 터널 속에서 무너졌던 자신감이 조금씩 되살아났다. 나는 치워 두었던 태블릿을 꺼냈고, 순수하게 그림을 좋아했던 내 어릴 적 모습을 떠올려 보았다. 최선을 다한다면 사람들에게 인정받지 못한다 해도 괜찮을 것 같았다.

딸깍.

몇 날 며칠 매달려 완성한 작품을 등록하는 몇 초가 몇 년처럼 느껴졌다. 드라마 같은 반전은 없었다. 좋다는 댓글 몇 개가 달렸을 뿐이었다. 기분이 좋지도 나쁘지도 않고 그저 담담했다.

'인생은 속도가 아니라 방향이 중요해. 세상이 알아주지 않아도 내가 확신하는 방향으로 꾸준히 나아가면 언젠가 꿈을 이룰

수 있어.'

지난 실패를 통해 깨달은 값진 교훈이었다.

시간이 흘러 나는 애니메이션 관련 대학에 진학했다. 그동안 내가 올린 웹툰들은 세상에 조금씩 알려지게 되었다.

그날도 나는 평소처럼 아침 일찍 밖으로 나가 거리의 사람들을 유심히 관찰했다. 인터넷이나 책에서 볼 수 없는 생생한 삶의 모습들이 거기에 있었다. 엄마의 손을 꼭 잡고 유치원에 가는 아이, 이른 아침부터 장사할 준비에 바쁜 시장 아주머니들, 정신없이 출근하는 직장인들까지 그들의 삶 모두가 웹툰의 소재가 될 수 있었다.

지잉.

갑자기 주머니 속의 핸드폰이 울렸다.

'누구지? 어?'

유명한 웹툰 제작사에서 보낸 메일이었다.

'웹툰 제작사에서 왜 나에게 메일을 보낸 거지? 혹시 내 작품 중에 문제 있는 부분이 있어 연락한 건가?'

두려운 마음으로 메일을 확인했다.

안녕하세요. 웹툰 제작사 <웹투모로우> 대표 유영준입니다. 저희는 이유정 님의 작품을 오랜 기간 눈여겨보고 있었습니다.

'소속 작가들의 웹툰이 해외에서도 엄청난 히트를 쳤다던 그 제작사?'

나는 눈을 비비고서 다음 내용을 빠르게 읽어 나갔다.

작품마다 내용이 매우 흥미로워 관심 있게 지켜보던 차, 최근 작가님께서 연재하고 계신 웹툰의 그림체와 내용이 저희가 찾던 스타일이라 연락드립니다. 저희는 제작한 모든 웹툰을 세계 여러 나라로 번역하고 배포합니다. 저희와 함께 일할 생각이 있으시다면 답장 부탁드립니다. 긍정적인 답변을 기다리겠습니다.

'내가 제대로 읽은 게 맞나? 누가 장난으로 보낸 건 아닌가?'

나는 메일을 처음부터 여러 차례 다시 읽어 보았다. 꿈이 아닌가 싶어 볼을 꼬집어 보기도 했다. 정신을 차린 나는 서둘러 답장을 했고, 얼마 안 가 제작사 담당자를 만났다.

미팅은 순조롭게 이루어졌다. 화장품 회사에 갓 들어간 신입 사원이 내부의 은밀한 권력 싸움에 휘말리는 내용의 웹툰을 최근에 올렸는데, 마침 〈웹투모로우〉가 제작하려던 웹툰도 이와 비슷한 설정이었던 것이다. 담당자는 케이뷰티(K-beauty)를 주제로 한 웹툰이 있나 살펴보던 중에 내 웹툰을 발견하게 되었다고 말해 주었다.

그렇게 〈웹투모로우〉 제작사에 합류한 뒤, 나의 작업 환경은 완전히 달라졌다. 이전엔 배경 하나, 대사 한 줄을 위해 밤을 새워 가며 혼자 고민했지만 지금은 각 분야의 전문가들과 함께 대사를 다듬고, 색감을 조율하며, 독자의 반응도 함께 분석한다.

무엇보다 혼자가 아니라는 사실이 가장 큰 위안이 된다. 늦은 밤까지 함께 작품의 방향을 고민하는 동료들이 생겼고, 마감 후 서로 어깨를 두드리며 웃는 나날 속에서 나는 더 깊이 있고 살아 있는 이야기를 그릴 수 있게 되었다.

어느 날, 한 독자가 댓글을 남겼다.

"작가님 웹툰 덕분에 월요병을 이겨 냈어요. 감사합니다."

짧은 한 줄이었지만 눈물이 왈칵 쏟아질 뻔했다. 어릴 적부터 누군가에게 기억되는 사람이 되고 싶었던 나는, 지금 그 꿈속에 살고 있다.

내가 만든 캐릭터가 누군가의 하루에 작은 웃음을 줄 수 있다면 그걸로 충분하다. 사람들에게 어떤 이야기를 들려줄지 상상하며 오늘도 나는 펜을 든다.

황금알을 낳는 한류 산업

• 한류 열풍을 이끄는 케이팝

한국의 케이팝(K-pop)을 듣거나 드라마와 웹툰을 보는 외국 사람들을 오늘날 세계 곳곳에서 심심치 않게 볼 수 있죠? 한국의 문화가 좋아서 유학을 오는 사람도 있을 정도예요. 이처럼 한국의 문화를 전 세계 많은 사람들이 사랑하는 현상을 '한류'라고 해요.

이러한 현상은 일시적인 유행이 아니라 하나의 문화로 자리 잡았어요. 소셜 네트워크 서비스(SNS)와 넷플릭스, 프라임 비디오, 유튜브와 같은 OTT의 발달은 케이팝과 한국 드라마 같은 한국의 문화 콘텐츠가 전 세계로 뻗어 가는 데 큰 역할을 했지요.

그중 케이팝은 전 세계적으로 한류 열풍을 크게 이끌고 있어요.

미국의 음악 잡지 「빌보드」가 발표한 최신 차트에 따르면 가상의 케이팝 걸 그룹 헌트릭스의 '골든(Golden)'이 3주 연속 핫 100에서 1위를 기록했어요. 이 곡은 넷플릭스에서 방영된 애니메이션 영화 「케이팝 데몬 헌터스」의 사운드트랙이에요. 2025년 9월 6일 기준, 1위 곡 '골든'을 포함하여 이 앨범은 빌보드 핫 100 역사상 처음으로 4곡을 동시에 톱 10에 진입시켰답니다.

케이팝의 성과를 이야기하는 데 있어 스트레이 키즈를 빼놓을 수 없어요. 같은 기간 스트레이 키즈의 새 앨범 '카르마(KARMA)'가 빌보드 200에서 1위를 차지했어요. 이로 인해 스트레이 키즈는 2022년 '오디너

리(ordinary)'를 시작으로 지난해 '합(HOP)'까지 6연속 1위의 신기록을 세웠어요. 여기에 '카르마'까지 차트 정상에 오르면서 무려 7연속 1위라는 대기록을 이어 가게 되었답니다.

세계적인 아이돌 그룹은 글로벌 투어와 광고 촬영으로 수백억 달러에 이르는 막대한 돈을 벌어들이고 있어요. 이는 한국의 문화 콘텐츠 산업의 성장을 이끌어 사람들에게 새로운 일자리를 만들어 주기도 해요.

• 큰 인기를 끄는 한국의 문화 콘텐츠 산업

우리나라의 드라마와 영화 또한 여러 국가에서 큰 인기를 끌고 있어요. 맡은 역할에 몰입하여 탄탄한 연기를 선보이는 한국의 배우들과 한국만의 신선한 소재에 세계 사람들은 열광하지요.

2022년 일본 넷플릭스 TV 부문에서는 「이태원 클라쓰」, 「사랑의 불시착」, 「이상한 변호사 우영우」 등 총 8개의 한국 드라마가 상위 10위 안에 들었고, 「더 글로리」와 「오징어 게임」은 전 세계적으로 큰 인기를 끌었어요.

제75회 칸 영화제에서 한국 영화는 감독상과 남우주연상을 휩쓸었고, 영화 「기생충」은 제92회 아카데미 시상식에서 각본상, 국제영화상, 감독상, 작품상을 수상하며 한국 영화의 우수성을 세계에 알렸어요.

케이팝, 웹툰, 영화, 드라마 등 케이 콘텐츠의 인기로 한국 의류, 음식, 화장품 등 한국 제품에 대한 이미지도 덩달아 좋아졌어요. 그 덕분에 한국어를 배우고 삼계탕, 라면과 같은 한국 음식을 즐기며 한국식 화장을 하는 사람들이 점점 늘어나고 있답니다.

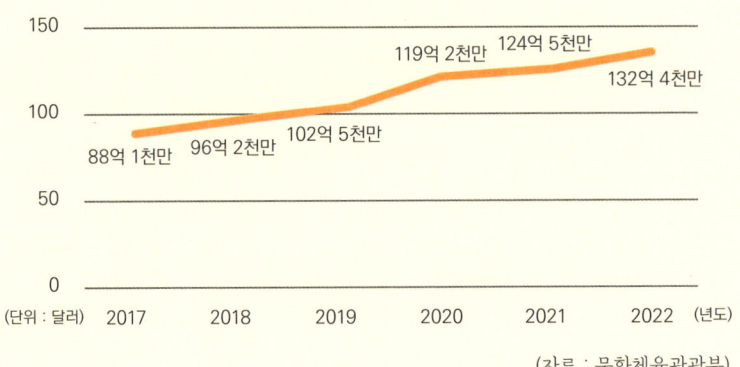

| 한국의 문화 콘텐츠 산업 수출액 |

(자료 : 문화체육관광부)

하나의 문화가 된 웹툰 산업

• **한국의 웹툰이 전 세계적 인기를 끄는 이유**

혹시 즐겨 보는 웹툰이 있나요? 웹툰은 1990년대 후반부터 개인용 컴퓨터가 널리 퍼지고 인터넷이 발달하면서 등장했어요. 처음에는 기존에 있던 만화를 단순히 스캔해서 옆으로 넘겨 가며 보는 방식이었어요. 이후 웹툰은 화면을 아래로 쭉 내려서 보는 방식으로 변화하며 전 세계 사람들이 즐겨 찾는 산업으로 성장하게 되었어요. 한국의 웹툰은 케이팝, 드라마, 영화와 함께 한류 바람을 일으키고 있는 중요 산업으로, 전 세계적으로 어마어마한 돈을 벌어들이고 있지요.

세계인들이 한국의 웹툰을 좋아하는 이유는 무엇일까요? 그건 정보를 빠르게 나누는 시대에 맞춘 빠른 연재 속도 덕분이에요. 물론 섬세한 그림 묘사와 탄탄한 내용 그리고 다양한 장르도 빼놓을 수 없는 웹툰의 인기 요소예요.

한국콘텐츠진흥원의 『2022 산업백서』에 따르면, 2021년 6월 기준 국내 기업이 만든 만화 플랫폼(라인망가, 픽코마)은 일본 디지털 만화 시장에서 높은 시장 점유율을 기록했어요. 또한, 「좀비딸」, 「재벌집 막내아들」과 같은 인기 있는 웹툰은 영화나 드라마로 제작되며 다양한 경제적 효과도 만들어 내고 있답니다.

웹툰을 보는 독자층이 넓어지고 인기가 많아지면서 웹툰 제작 방법도 빠르게 변화했어요. 모든 그림을 혼자서 그리던 예전과 달리, 작품의 완

성도를 높이기 위해 각 분야의 전문가들이 분업하여 하나의 작품을 완성하게 되었지요. 그러한 노력의 결실로 오늘날 웹툰은 수준 높은 작품을 빠른 속도로 계속해서 만들어 낼 수 있답니다.

• 일본과 미국의 만화 산업

그럼 오래전부터 만화 산업이 발달했던 일본과 미국의 만화 산업은 어떠한 특징을 가지고 있고 어떻게 발전했는지 함께 알아봐요.

일본에는 매우 다양하고 큰 규모의 만화 시장이 있어요. 다양한 장르와 스타일의 만화가 출간되고 그 인기에 힘입어 관련 의류, 인형, 비디오 게임 등 다양한 상품들도 함께 출시되고 있죠.

일본은 특유의 장인 정신을 바탕으로 오랜 기간 공들여 만화를 연재

해요. 이 덕분에 「드래곤볼」, 「원피스」, 「슬램덩크」와 같이 사람들에게 오랫동안 사랑받는 작품들이 꾸준히 탄생하고 있답니다.

이렇게 만화 시장이 발달한 일본에서도 기존의 인쇄 만화가 쇠퇴하고 디지털 만화가 빠르게 성장하고 있어요. 인터넷에 익숙한 신세대 독자층이 등장하면서 생긴 변화죠. 일본의 디지털 만화 시장은 집계가 시작된 2014년부터 빠른 속도로 성장하여 2019년부터는 디지털 만화 판매액이 인쇄 만화 판매액을 넘어서게 되었답니다.

한편, 미국의 만화 산업은 크고 다양한 업계로 구성되어 있어요. 이 업계는 애니메이션, 만화 출판, 만화 스트리밍 서비스 등 다양한 분야를 포함하고 있죠.

월트 디즈니, 워너 브라더스, 드림웍스, 픽사. 한 번쯤 들어 본 적 있는 이름 아닌가요? 이들은 미국의 대표 애니메이션 회사로, 세계적으로도 인기 많은 애니메이션 작품을 만들어 냈어요.

DC 코믹스와 마블 코믹스는 미국의 주요 만화 출판사예요. 슈퍼 영웅 캐릭터를 중심으로 한 만화 시리즈를 만든 뒤, 관련 영화나 텔레비전 시리즈 제작을 진행하지요. 특히 '어벤저스'와 같은 슈퍼 영웅 관련 콘텐츠는 세계적으로 팬이 무척 많답니다.

이렇듯 웹툰을 비롯한 각종 만화 산업은 현재 전 세계 사람들에게 많은 사랑을 받으며 거대한 시장을 형성했어요. 미래에 여러분이 제작한 캐릭터로 세상에 하고 싶은 이야기를 들려준다면 기분이 어떨까요? 상상하는 것만으로도 멋지지 않나요?

· 7화 ·
드론 할아버지

2020년대

"으아앙!"

세 살가량 되어 보이는 아이의 울음소리가 식당을 가득 채웠다. 사람들은 자연스럽게 소리가 나는 곳을 바라보았다.

아이 어머니는 당황한 듯 황급히 핸드폰을 꺼내 아이에게 보여 주었다. 아이는 언제 그랬냐는 듯이 핸드폰에서 나오는 영상을 보며 방긋방긋 미소 지었다. 아이의 부모는 아이가 조용해지자 안심하며 식사를 이어 갔다.

성수는 그런 사람들을 못마땅한 얼굴로 쳐다보다가 시선을 돌려 다른 곳을 보았다. 젊은 연인이 데이트하고 있었다. 그들은 서로의 얼굴을 마주 보는 대신 각자 핸드폰을 보고 있었다. 성수의 눈에는 그런 모습이 서로에게 큰 관심이 없는 것처럼 보였다.

'저럴 거면 뭐 하러 귀한 시간 들여 밖에서 만난 거야?'

성수는 자신의 테이블로 다시 눈길을 돌렸다.

7년째 단골인 이 식당은 사장이 바뀌고 나서 달라졌다. 따스한 사람 냄새 가득한 공간이었는데 어느새 온기가 없는 공간으로 바뀌어 버렸다. 음식도 이제는 풍채 좋은 식당 주인이 아니라 로봇이 가져다주었다. 성수는 '설마 요리도 로봇이 한 건 아니겠지?'라고 의심하며 숟가락을 들었다.

음식 주문과 계산도 키오스크라는 기계로 하였다. 편리하다는 사람도 있지만, 성수는 식사비를 치르며 식당 주인과 인사하던 시절이 그리웠다.

'참말로 정 없는 세상일세. 차가운 기계랑 대화하는 세상이 올 줄 누가 알았을까?'

성수는 변한 세상이 마음에 들지 않았다. 그때 성수의 손목에 찬 스마트워치가 울렸다. 성수는 부리나케 스마트워치 화면을 확인하였다. 혈압 수치가 증가하고 있으니 가벼운 운동을 권장한다는 내용이었다.

성수는 쓴웃음을 지으며 생각했다.

'하긴, 나도 이렇게 인공 지능(AI)과 살고 있으니 남 보고 뭐라 할 입장도 아니지.'

아내와 식사를 마치고 집으로 돌아가는 중 며느리에게 전화가 왔다.

"아버님, 오늘 도윤이 아빠랑 저 둘 다 늦게까지 일을 해야 해요. 혹시 오늘 도윤이 좀 봐 주실 수 있으세요?"

"그럼, 물론이지. 걱정하지 말고 일해라."

작은아들 집에 가는 것은 실로 오래간만이다. 매번 아들네가 집으로 찾아왔으니 말이다. 성수는 손자 도윤이를 무척 아꼈다. 도윤이도 그런 할아버지를 좋아했다. 초인종을 누르니 도윤이가 얼른 문을 열어 주었다.

"할아버지, 할머니 안녕하세요."

"그래, 우리 손자 잘 지내고 있었나?"

"네, 잘 지내고 있었어요. 저 지금 숙제하고 있었는데 한번 보실래요?"

성수의 아내는 흐뭇하게 웃더니 성수에게 말했다.

"도윤이가 나보다 당신을 더 좋아하니 당신이 가 보세요. 나는 우리 도윤이 식사 준비나 할게요."

아내의 말에 성수는 내심 기분 좋아하며 도윤이를 따라갔다.

도윤이는 할아버지에게 자기가 만든 작품을 자신 있게 보여 주었다.

"짜잔! 오늘 학교에서 만든 거예요. 멋지죠?"

"으응? 이게 뭐니?"

"이건 자율 주행 자동차예요."

생전 처음 들어 보는 말에 성수는 당황했다.

"할아버지는 도통 무슨 말인지 모르겠구나. 자율 주행 자동차가 뭐니?"

"운전자가 없어도 스스로 운전하는 차를 말해요. 여기 제가 붙인 첨단 센서 덕분에 자동차가 주변 사물을 인식할 수 있는 거예요. 멋지죠?"

"우리 손자, 과학자 해도 되겠는데? 상상력이 이리 풍부하니 참 기특하구나."

"에이, 할아버지! 이건 제가 상상한 게 아니에요. 진짜 자율 주행 자동차는 이미 개발 중이라고요. 미래에는 하늘을 나는 에어 택시도 탈 수 있고, 하이퍼루프(진공 튜브 안에서 캡슐 형태로 운행하는 교통수단)를 타고 부산에서 서울까지 20분 내로 이동할 수도 있대요."

성수는 도윤이가 공상 과학 영화를 너무 많이 본 게 아닐까 하는 생각이 들었다. 그렇지 않고는 이런 비현실적인 말을 늘어놓을 리 없기 때문이다. 하지만 성수는 도윤이의 기분을 상하게 하고 싶지 않아 아무 말도 하지 않았다. 그 대신 도윤이 말에 계속 고개를 끄덕였다.

할아버지가 자기 말을 잘 들어 주자 신이 난 도윤이는 뭔가 다른 것을 꺼내 왔다.

"할아버지, 이거 해 보실래요?"

비행기 같이 생긴 물건이었다. 도윤이는 그것을 땅바닥에 내려놓더니 성수의 눈앞에서 조종기 버튼을 꾹꾹 눌러 댔다. 그러자

그것이 방에서 뱅글뱅글 돌았다.

"도대체 이건 또 뭐니?"

"이건 드론이라고 해요. 이것도 학교에서 배우고 있어요."

"드론? 요즘 초등학교에서는 이런 것도 가르치니?"

"네. 이 조종기로 드론을 마음대로 조종할 수 있어요."

도윤이는 자신만만하게 말했지만 막상 드론은 불안정하게 움직였다.

도윤이는 뒷머리를 긁으며 머쓱해했다.

"사실 드론을 배운 지 얼마 안 되어서 아직 조종을 잘 못해요. 그래서 연습을 많이 해야 해요."

성수는 드론을 가만히 쳐다보았다.

그러고 보니 성수도 최근 뉴스에서 드론이라는 말을 들어 본 기억이 났다. 군인 대신 드론이 총으로 적을 공격한다던가? 그런 무서운 물건을 손자가 가지고 놀다니. 그리고 그걸 학교에서 가르쳐 준다니 성수는 이 세상이 어떻게 돌아가는 건가 하는 생각이 들었다.

여러 생각으로 복잡해진 성수를 보며 도윤이가 말했다.

"할아버지도 드론을 조종해 보고 싶으세요? 자, 여기 있어요. 한번 해 보세요."

도윤이는 할아버지에게 조종기를 건넸다.

"아니, 할아버지는 이런 거 할 줄 모른다."

성수는 그렇게 말하면서도 어색한 자세로 조종기를 잡았다.

"오른쪽 스틱을 앞으로 밀면 드론이 전진하고, 뒤로 당기면 후진해요. 그리고……."

할아버지에게 열심히 드론 조종법을 설명하던 도윤이의 말이 별안간 멈췄다. 도윤이의 눈이 놀라움으로 커졌다. 드론이 제 주인을 만났다는 듯이 성수의 조종 아래 자유롭게 날아올랐기 때문이었다.

"우아, 할아버지 뭐예요? 할아버지, 처음 하는 거 아니죠? 이렇게 잘하는 사람 처음 봤어요."

도윤이가 놀라워하며 소리쳤다.

그러자 부엌에서 요리하던 아내가 무슨 일인가 싶어 달려왔다.

"도윤아, 할아버지 대단하지? 할아버지는 손재주가 아주 좋으시단다."

손자와 아내의 이어지는 칭찬에 성수는 어깨를 으쓱하며 도윤이에게 조종기를 돌려주었다.

"참 재밌는 물건이네. 젊은 친구들이 왜 좋아하는지 알겠군. 근데 이걸 왜 그렇게 열심히 연습하는 게냐?"

"사실 한 달 뒤에 드론 축구 대회가 있어요. 할아버지, 혹시 저랑 한 팀으로 대회에 나가실래요? 할아버지랑 같이 나가면 우승할 거 같아요."

"드론 축구 대회? 요즘 그런 대회도 있니?"

"나이 상관없이 출전할 수 있는 대회예요. 나가서 모두에게 실력 발휘 한번 해 주세요."

"드론 대회라……. 이 나이에 새로운 도전이 되겠구먼. 허허."

성수의 가슴에 큰 불덩이가 일었다. 젊을 적 첫 배를 띄우며 기쁨과 환호로 가슴이 폭발했던 그때가 문득 떠올랐다.

'이 나이에 이리 설레는 일이 생기다니 주책이구먼.'

성수는 설레는 마음을 다잡고 도윤이에게 말했다.

"그래, 같이 나가 보자. 근데 드론에 빠져 공부를 등지면 안 된다. 일단 오늘 학교 숙제부터 하거라."

"그야 당연하죠. 공부도 열심히 할게요. 그럼 저랑 같이 대회에 나가는 거예요?"

성수는 웃으며 고개를 끄덕였다.

집으로 돌아온 성수는 도윤이가 가르쳐 준 대로 인터넷에 접속하였다. 도윤이의 드론과 똑같은 드론을 구하기 위해 성수는 태어나 처음으로 인터넷 쇼핑을 했다.

성수 인생에 물건을 직접 보지도 않고 미리 돈을 낸다는 건 있을 수 없는 일이었다. 여러 가게를 다니며 물건을 하나하나 살펴보고, 주인아저씨와 가격을 흥정하는 것이 성수에게는 당연한 일이었다. 비효율적이라고 볼 수도 있지만 이러한 과정 또한 성수에게는 하나의 재미였던 것이다.

하지만 인터넷 쇼핑은 그렇지 않았다. 클릭 한 번에 구매가 완료되었다. 이렇게 쉽게 물건을 사다니, 성수는 허무한 기분이 들었다.

물건값이 제대로 결제되었는지도 모르겠고, 혹시나 더 많이 빠져나갔으면 어쩌나 하는 생각에 성수는 불안했다. 내일 은행에 가서 통장 잔액을 확인하기로 하고 성수는 잠자리에 들었다.

다음 날 일찍 찾아간 은행에서 성수는 돈이 제대로 빠져나간 걸 확인하였다. 마음이 놓인 성수는 산타 할아버지의 선물을 기다리는 어린아이 같은 마음으로 드론이 오길 기다렸다.

'부서지지 않고 제대로 도착하겠지?'

며칠을 기다린 끝에 마침내 드론이 도착했다. 성수는 택배 상자에서 드론을 조심스레 꺼내 무슨 보물이라도 되는 듯 소중히 다루었다. 퇴직 이후, 특별한 목표 없이 하루하루 살아온 성수의 삶에 생기가 돌기 시작했다.

'이러한 감정을 또 느껴 볼 줄이야.'

성수는 이 모든 것이 감사했다.

도윤이가 드론 축구 대회는 5명이 한 팀이 되어 경기한다고 알려 주었다. 성수는 도윤이의 친구 셋과 함께 드론 축구 대회를 준비했다. 한 팀이 될 손자의 친구들은 성수의 드론 조종 실력에 매우 놀랐다.

"할아버지, 저는 1년 동안 연습해도 타이어 구멍에 드론을 통과시키지 못했는데 정말 대단하세요. 정말 일주일 만에 성공하신 거예요?"

"뭐, 쑥스럽지만 그렇단다."

"할아버지는 무조건 공격수를 하셔야 해요. 저희 팀을 위해 꼭 득점 많이 해 주세요. 부탁이에요."

"공격수? 축구에서는 공격수가 공을 상대편 골대에 넣으면 되는데, 드론 축구에서는 뭐를 해야 되는 게냐?"

"5명 중 2명은 공격수예요. 도윤이와 할아버지가 공격수 역할을 맡으면 돼요. 할아버지 드론에는 특별히 꼬리표를 붙일 건데요, 꼬리표를 단 드론이 상대편 타이어 구멍을 통과하면 득점이에요. 상대편 골대로 가는 길은 도윤이가 잘 만들어 줄 거고, 저희 셋은 상대편 드론이 우리 편 타이어 구멍을 통과하지 못하게 잘 막을 거예요. 걱정 말고 할아버지는 꼭 많이 득점해 주세요."

"야, 우리 할아버지 못 믿냐? 우리 할아버지랑 같은 팀 하면 무조건 이길 수 있어. 그렇죠, 할아버지?"

"그…… 그래. 어디 한번 열심히 해 보자."

자신을 바라보는 아이들의 순수하고도 맑은 눈에 성수는 얼떨결에 그렇게 대답하고 말았다.

'대회에서 져서 아이들이 괜히 마음 상하면 안 될 텐데 걱정이네. 이 나이에 괜히 일을 벌인 건 아닌가 모르겠군……. 그래도 하

겠다고 했으니 끝까지 해 봐야지!'

 책임감과 사명감 하나로 살아온 나날들이었다. 아이들과의 약속을 지키겠다는 마음으로 성수는 밤낮을 가리지 않고 열심히 드론 조종 연습을 하였다.

 '지금은 수비 없이 혼자 연습하니까 드론이 타이어를 쉽게 빠져나갈 수 있어. 그런데 실제 대회에서는 상대 선수가 방해할 테니 드론이 타이어를 통과하기 어려울 거야. 그렇다면 타이어 구멍보다 작은 곳을 지나가는 연습을 꾸준히 하는 게 좋겠군.'

 그날부터 성수는 매일매일 공원에서 타이어 구멍보다 크기가 작은 구멍을 찾아 드론을 통과시키는 연습을 하였다.

 꾸준한 연습 끝에 성수는 작은 구멍 안으로 드론을 통과시킬 수 있게 되었다. 묘기에 가까운 성수의 드론 조종 실력을 보고자 공원에 사람들이 몰려들기 시작했다. 어느새 성수는 공원에서 제법 유명해졌다. 사람들은 이런 성수를 '드론 할아버지'라고 불렀다.

 성수는 같은 팀 아이들과 함께 연습하는 것도 빼먹지 않았다. 성수가 친절하게 가르쳐 준 덕분에 아이들의 드론 조종 실력도 몰라볼 정도로 좋아졌다.

 "할아버지, 우리 드론 축구 월드컵까지 같이 나가요. 그때까지 꼭 건강하세요."

 "녀석들, 못 하는 소리가 없구나."

성수는 손자와 손자의 친구들에게 고마웠다. 그 애들 덕분에 일흔을 훌쩍 넘긴 나이에 이러한 즐거움을 누리게 되었으니 말이다.

그러던 어느 날, 성수 홀로 공원에서 드론을 날리고 있는데 전문 장비를 든 남자가 가까이 다가왔다. 새로운 촬영 콘텐츠를 찾던 크리에이터가 '드론 할아버지' 이야기를 듣고 공원에 찾아온 것이다.

"어르신, 아까부터 쭉 지켜보았는데 드론 조종을 정말 잘하시네요. 괜찮으시면 어르신이 드론 날리는 모습을 제가 촬영해서 영상으로 사용해도 될까요?"

낯선 사람을 평생 경계하며 살아온 성수였지만 서글서글 웃으며 예의 있게 부탁하는 이 남자 앞에서는 이상하게 경계심이 풀렸다. 성수는 낯선 남자의 부탁을 흔쾌히 받아들였다.

낯선 남자는 성수에게 작은 원 안에 드론을 통과시키는 것을 보여 달라고 부탁했고, 성수는 가뿐하게 성공했다.

그로부터 며칠 후, 도윤이한테서 전화가 왔다.

"할아버지! 할아버지가 '드론 할아버지'로 인터넷에서 스타가 되셨어요. 제가 보낸 영상 한번 보세요."

"그게 무슨 소리냐?"

성수는 도윤이가 보낸 영상을 눌러 보았다. 놀랍게도 영상에

자신의 모습이 나왔다.

성수가 드론을 날리는 영상을 많은 사람이 본 듯했다. 그 밑으로 사람들이 작성한 댓글도 보였다. 생전 받지 못했던 관심을 갑자기 받으니 성수는 정신이 아득했다.

영상의 마지막에는 낯익은 인물이 등장했다. 성수에게 영상 촬영을 해도 되는지 물어본 그 남자였다. 남자는 '좋아요, 알림 설정, 구독을 부탁한다'는 도통 알 수 없는 말을 하고는 영상을 마쳤다.

성수는 이게 도대체 어찌 된 일인지를 물어보기 위해 도윤이에게 전화를 걸었다.

"보내 준 영상에 나온 이 사람은 도대체 누구냐?"

도윤이는 신이 난 듯 할아버지에게 말했다.

"그분 엄청 유명한 크리에이터예요. 저도 그분 채널을 구독하고 있는걸요."

"크리에이터? 그게 직업 이름이니?"

"네, 할아버지. 요즘 초등학생들에게 가장 인기 있는 직업이 크리에이터예요. 자기 채널에 올린 영상이 인기가 많아지면 돈도 벌 수 있거든요. 그런데 그분 영상에 할아버지가 나오다니, 정말로 놀랐어요. 할아버지 최고예요!"

'텔레비전 방송에 나온 것도 아니고 그 사람 영상에 나온 것이 그 정도로 대단한 일인가?'

성수는 이해되지 않았다. 하지만 도윤이가 할아버지를 자랑스러워하니 기분은 좋았다.

그런데 그때부터 성수는 공원에 나가 편히 대회 연습을 할 수 없게 되었다. '드론 할아버지'로 유명해진 성수를 보러 온 사람들로 공원이 북적였기 때문이다.

"크리에이터라는 게 정말 대단하긴 한가 보네. 그나저나 큰일 났네. 이제 어디서 연습한담."

마침내 드론 축구 대회 날이 밝았다. 성수는 어린 팀원들과 함께 당당히 대회장에 입장했다. 많은 사람이 성수를 보며 수군수군했다.

"저 사람, 드론 할아버지 아니야?"

"맞아. 요즘 인기 많다는 드론 할아버지를 직접 보다니 진짜 신기한걸. 할아버지 파이팅!"

관중들이 자기를 응원하는 소리를 듣자 성수의 마음속에 설렘과 행복감이 몰려왔다.

여러 대의 드론이 질서 정연하게 하늘을 수놓으며 대회의 시작을 알리는 드론쇼가 펼쳐졌다. 성수는 다소 긴장한 도윤이의 손을 말없이 꼭 잡아 주었다.

"할아버지, 저 최선을 다해 볼게요! 할아버지 덕분에 드론이 정말 좋아졌어요. 나중에 크면 드론과 같은 미래 기술을 연구하는 연구원이 되고 싶어요."

"그래. 이 할아버지는 우리 손자의 꿈을 항상 응원하마. 자, 그럼 경기를 시작해 볼까?"

성수의 드론은 준비되었다는 듯이 힘차게 소리를 내며 공중으로 날아올랐다.

디지털 전환, 변하지 않으면 사라진다
: 4차 산업 혁명

 오늘날 우리는 4차 산업 혁명 시대에 살고 있어요. 그게 뭐냐고요? 4차 산업 혁명은 다양한 기술과 정보 통신 기술(IT)이 우리 일상생활과 산업 활동에 큰 영향을 미치는 시대를 의미해요. 이해하기 쉽게 예를 들어 볼게요.

 학교 선생님인 저는 수업 말고도 할 일이 많아요. 학생들을 하교시킨 후 보통 밀린 업무를 처리하지요. 예전에는 업무 관련 문서를 작성하여 교장, 교감 선생님께 직접 결재를 받으러 갔어요. 그런데 요즘에는 업무 처리 과정이 매우 간단해졌어요. 전자 문서로 필요한 내용을 작성하면 교감 선생님께서 보시고 클릭 한 번으로 자동으로 결재할 수 있답니다.

 잠시만요, 일하는 중인데 갑자기 세금을 오늘까지 내라는 연락이 오네요. 당장 은행에 갈 수 없는데 어떡하죠? 괜찮아요. 스마트폰의 모바일 앱을 통해 즉시 돈을 보낼 수 있으니까요.

 간단하죠? 사실, 이런 예는 여러분의 일상에서 자주 볼 수 있는 모습이에요.

 4차 산업 혁명에 따른 변화는 이미 우리의 일상생활에서 진행

중이에요. 코로나19로 실시된 원격 수업이나 무인 슈퍼, 배달 앱 등도 4차 산업 혁명으로 변화된 일상의 모습을 잘 보여 주죠.

4차 산업 혁명은 우리의 일상뿐 아니라 효율성과 편리성 그리고 혁신을 추구하는 다양한 산업 분야에도 적용되고 있어요. 4차 산업 혁명의 핵심 기술에는 어떠한 것들이 있는지 살펴봐요.

• 자동화와 로봇 기술

기계와 로봇이 스스로 일하도록 하는 자동화 기술이 발전하면서 생산성이 높아지고, 사람이 하기 어려운 일도 대신할 수 있게 되었어요. 이러한 자동화의 핵심인 로봇 기술은 공장에서 제품을 만들거나 상품을 포장하는 작업에 큰 도움이 되지요.

• 빅 데이터와 인공 지능(AI)

빅 데이터 기술은 아주 많은 정보를 빠르게 분석해 전에 없던 새로운 아이디어를 찾아내요. 인공 지능은 이렇게 얻은 정보를 바탕으로 미래를 예측하고 더 나은 결정을 내리도록 도와줘요.

책 읽어 주는 로봇(왼쪽)과 오목 두는 로봇(오른쪽)
(사진 제공 : 이정환, 대구 달서디지털체험센터)

인터넷과 통신 기술

우리가 스마트폰, 컴퓨터, 태블릿 등을 통해 정보를 주고받고 소통할 수 있게 된 것은 인터넷과 통신 기술이 발전한 결과예요. 이를 통해 세계 각지의 사람들과 손쉽게 연결될 수 있어요.

• 사물 인터넷(IoT)

텔레비전, 냉장고, 자동차, 조명 스위치 같은 다양한 기기가 인터넷으로 연결돼 서로 정보를 주고받는 기술이에요. 예를 들어 스마트 홈에서는 스마트폰 앱으로 가전제품을 켜고 끄거나, 센서를 이용해 집 안 환경을 자동으로 조절해 에너지를 더 효율적으로 쓸 수 있어요.

• 클라우드 서비스

인터넷에 있는 저장 공간에 파일이나 사진, 데이터를 올려 두고 사용할 수 있게 만든 서비스예요. 그래서 컴퓨터나 스마트폰에 저장하지 않아도 인터넷만 연결돼 있다면 언제 어디서든 쉽게 접속해서 데이터를 꺼내 쓸 수 있답니다.

4차 산업 혁명이라는 거대한 변화의 물결은 이미 전 세계적으로 거스를 수 없는 흐름이 되었어요. AI와 로봇을 기반으로 한 디지털 혁신이 사회 곳곳에서 빠르게 진행되고 있는 것만 보아도 알 수 있지요.

일자리 감소, 사생활 침해나 해킹 같은 문제들도 분명 있어요. 하지만 우리는 위기를 기회로 바꾸며 계속해서 발전해 온 우리나라 산업 역사의 길을 기억하고 있어요. 그러니 정부, 기업, 그리고 국민이 힘을 모아 문제가 생기지 않도록 잘 준비하여 4차 산업 혁명의 변화를 받아들인다면, 앞으로 4차 산업 혁명의 중심은 대한민국이 될 거예요.

지구를 살리기 위한 노력
: 친환경 산업

환경 오염으로 생긴 기후 변화와 자연재해 등은 오늘날 우리의 삶을 크게 위협하고 있어요. 그리고 최근에 일어난 이상 기후는 많은 사람들에게 걱정을 안겨 주었어요. 그래서 사람들은 점점 더 환경과 친환경 산업에 주목하게 되었어요.

친환경 산업은 지구 환경을 지키기 위해 현재와 미래를 함께 생각하는 산업이에요. 환경 오염을 줄여 생태계를 건강하게 지키고, 에너지를 아껴 모두가 잘 살 수 있도록 오늘날 여러 기업에서 환경에 좋은 기술을 개발하고 있답니다.

• 재생 에너지 기술

구글, 애플, 마이크로소프트(MS), 비엠더블유, 제너럴모터스(GM) 등 2024년 1월 기준으로 전 세계 400개 이상의 기업이 RE100(Renewable Energy 100%)에 가입했어요. 이를 통해 기업에서 사용하는 전력 100%를 모두 재생 에너지로 사용하는 데 동의했지요. 국내 기업 중에는 삼성전자, 현대자동차, SK, 아모레

태안 태양광 단지
(사진 출처 : junilly, Wikimedia)

퍼시픽 등 36개 기업이 RE100 캠페인에 참여해서 석탄과 석유 같은 화석 연료 대신 태양광이나 바람 같은 재생 에너지를 사용하기 위해 힘쓰고 있어요.

• 탄소를 줄이는 친환경 기술

기업들은 공장에서 제품을 만들거나 기계를 작동시킬 때 나오는 탄소를 줄이는 친환경적인 기술을 활용하기 시작했어요. 이 기술의 이름은 탄소 포집 및 저장 기술(CCUS)로, 발생하는 이산화탄소를 모아서 다시 쓰거나 저장하는 기술이에요. 다시 말해 산업 시설이나 발전소에서 발생하는 이산화탄소를 분리하여 모으고, 모은 이산화탄소를 새로운 제

품이나 에너지 생산에 활용하는 거지요. 어때요, 엄청 효율적이죠?

그럼 사용하지 않는 이산화탄소는 어떻게 할까요? 이산화탄소가 지구 대기로 퍼지지 않도록 땅속 깊은 곳에 안전하게 저장한답니다.

• **인공 연료를 만드는 기술**

이퓨얼(E-fuel)은 전기를 이용해 만든 인공 연료예요. 물을 전기 분해해서 얻은 수소에, 이산화탄소나 질소 같은 물질을 섞어 만들지요. 이퓨얼은 석유와 성질이 비슷해 '인공 석유'라고도 불리며 앞으로 석유를 대신할 새로운 연료로 주목받고 있어요. 또한, 이퓨얼을 만들 때는 공기 중의 이산화탄소를 모아서 사용하는데, 이때 사용하는 장치 하나가 나무 4천만 그루가 약 1년 동안 흡수하는 양과 맞먹는 이산화탄소를 모은다고 해요. 정말 대단하죠?

현재 전 세계에서는 지구 환경을 위해 물, 대기, 토양 등의 환경 상태를 관찰하는 작업도 진행 중이에요. 관찰한 데이터를 분석해서 환경이 오염되기 전에 미리 미리 알아차리고 대응할 수 있도록 도와주는 기술도 계속해서 개발되고 있지요. 앞으로 지구를 살리는 친환경 산업이 꾸준히 발전할 수 있도록 우리도 관심을 갖고 함께 노력해요.

작가의 말

제 어머님의 고향은 전라북도 남원입니다. 어린 시절을 고향에서 보낸 어머님은 어른이 되어 대구에서 가정을 이뤘습니다. 저 또한 대구에서 태어났지만 지금은 다른 지역에서 살고 있습니다. 제 고향 친구들 역시 상당수가 수도권에서 살고 있습니다.

사람들이 고향을 떠나 다른 지역으로 이동하는 가장 큰 이유는 무엇일까요? 바로 일자리 때문입니다. 예전에는 부모님이 하시던 일을 물려받아 고향에 머무는 경우가 많았지만 지금은 그렇지 않습니다. 대부분은 자신의 적성과 능력에 맞는 일자리가 있는 곳을 찾아 떠나고 있죠.

주요 산업이 발달한 지역일수록 더 많은 일자리와 기회를 제공하기 때문에 많은 사람들이 그런 곳으로 꾸준히 이동한 것입니다.

산업 발달은 지역별 인구 분포에 큰 변화를 가져왔습니다. 더 많은 일자리와 나은 생활 환경을 찾아 도시로 이동하는 사람이 늘어나면서 농촌 인구는 급격히 줄어들었고, 일부 마을은 사라질 위기에 처했습니다. 반면, 산업과 기반 시설이 잘 갖춰진 도시는 인구가 꾸준히 증가해 오늘날 우리나라 인구의 절반 이상이 서울을 포함한 수도권에 모여 살게 되었습니다.

산업 발달은 우리가 살아가는 방식 또한 크게 변화시켰습니다. 예를 한번 들어 볼까요?

"안녕하세요. 여기 짜장면 하나, 볶음밥 하나 배달해 주세요."

저는 어릴 적 음식을 시켜 먹고 싶은 날이면 가게에 직접 전화해 음식을 주문하였습니다. 그리고 주문한 음식이 도착하면 문 밖으로 나와 배달원에게 돈을 건네고 음식을 받았습니다.

오늘날은 어떤가요? 스마트폰 하나만 있으면 이 모든 과정이 필요 없습니다. 우리는 스마트폰 배달 앱에서 클릭만 하면 먹고 싶은 음식을 편하게 받을 수 있습니다. 현금을 건넬 필요도 없습니다. 온라인으로 주문 금액을 결제할 수 있기 때문입니다.

이뿐만이 아닙니다. 제가 어릴 때는 택시를 타려면 도로에 나가 달려오는 택시를 향해 손을 흔들어 신호를 보내야 했습니다. 하지만 이제는 스마트폰 앱에 접속하여 목적지를 입력하고 클릭만 하면 됩니다. 모바일 IT 기술과 같은 통신 산업과 인공 지능 산업의 발달은 이렇게 세상의 많은 것을 변화시켰습니다. 덕분에 세상은 이전보다 한층 더 편리해졌습니다.

산업의 발달은 가족 형태의 변화도 불러왔습니다. 농업이 중심이던 시절에는 많은 노동력이 필요했기 때문에 조부모, 부모, 자녀가 함께 사는 대가족이 일반적이었습니다. 그러나 공업과 서비스업이 발달하고, 도시로 이동하는 사람들이 늘어나면서 부모와 자녀로 구성된 핵가족이 주된 형태가 되었습니다.

최근에는 또 다른 변화가 나타나고 있습니다. 높은 주거비와 치열한 경쟁은 청년들이 자립할 시기를 늦추고 있습니다. 이 때문에 결혼과 출산을 포기하는 사람도 늘어나고 있죠. 이로 인해 1인 가구가 급증했고, 그에 맞춰 혼자 사는 사람들을 위한 상품과 서비스가 다양하게 등장했습니다.

이처럼 산업의 변화는 단순히 경제에만 영향을 미치는 것이 아니라 우리 삶의 방식과 가족의 형태까지도 바꾸고 있습니다. 그렇기 때문에 우리는 주요 산업이 어떻게 변화하는지 흐름을 파악하고 거기에 발맞춰 현명하게 대응해야 합니다. 그래야 빠르게 변화하는 세상 속에서 더욱 여유롭고 안정적으로 적응할 수 있을 것입니다.

이 책은 우리나라 주요 산업의 발달 과정을 1950년생 이성수의 가족 이야기를 중심으로 다루었습니다. 성수의 부모님, 형제 자매들, 자녀와 손자가 살아온 이야기를 동화처럼 재미있게 읽으며 당시 산업과 사회 변화를 자연스럽게 이해할 수 있을 것입니다.

우리가 살아가는 모습은 산업의 변화와 함께 계속 달라지고 있습니다. 이 책을 통해 우리 부모님과 조부모님 세대가 어떤 산업 속에서 살아왔는지 돌아보고, 앞으로 어떤 산업이 미래를 이끌게 될지 상상해 보는 것도 재미있을 것입니다.

마지막으로, 이 책을 읽는 여러분 모두가 미래 산업을 이끄는 훌륭한 인물로 성장하길 바랍니다.

김은정